LIBRE ET HEUREUX

L'ENVOL !

**EN S'INSPIRANT
DES PAPILLONS HEUREUX
QU'ON N'ATTRAPE PAS !**

CONTE INITIATIQUE
ET THÉRAPEUTIQUE

Par Luc POUGET

À toi mon fils Paul
et à toi ma fille Lisa,

Impression et Édition :
BoD – Books on Demand, Norderstedt

ISBN : 9782322138067

Dépôt légal :
MARS 2019

LIBRE ET HEUREUX, L'ENVOL !

CONTE INITIATIQUE ET THERAPEUTIQUE

SOMMAIRE

ÉTAPE 7 « CLARIFIER » :

LE GRAND DOME AUX REPONSES : p.99

Les questions par thèmes :

1/ VALORISATION et PLACE p.101

Comment me sentir sûr/e de moi ?

Pourquoi je n'arrive pas à me faire confiance même quand je suis capable ?

Comment retrouver la confiance, le soleil, la flamme et le sourire ?

Pourquoi je ne me fais pas confiance ?

Comment me faire confiance ?

Comment trouver et prendre pleinement ma place ? Comment faire pour me sentir à ma place ? Légitime ? Pourquoi je ne me sens parfois pas à ma place, ni à la hauteur, trop ceci ou pas assez cela?

Pourquoi je ne sais pas parler, échanger, partager mes idées, comme si c'était sans valeur ou trop compliqué à faire comprendre?

Pourquoi l'enfant de mon conjoint passe avant moi ?

Pourquoi je ne termine jamais vraiment ce que je commence (2 formations où je n'ai pas rendu le travail écrit et donc non validées)?

2/ ENGAGEMENT, EXIGENCE, SECURISATION p.105

Pourquoi je ne souhaite pas m'engager ?

Pourquoi je refuse de m'engager ?

Pourquoi est-ce que je ne rencontre pas un homme avec lequel vivre une relation harmonieuse ? => Qu'est-ce qui cloche chez moi ?

Pourquoi je n'arrive pas à nouer une relation avec les femmes/hommes qui m'attirent ?

Pourquoi suis-je seul/e depuis 3 ans ?

Comment s'engager sans se perdre ?

Pourquoi cette anxiété constante de ne pas avoir assez pour vivre, quelles que soient les ressources matérielles acquises ?

Pourquoi cette impression d'être si différent des autres personnes et de ne pas pouvoir se lier profondément ?

Pourquoi ai-je l'impression qu'il faut que je sois différente de ce que je suis, pour être aimée ?

3/ SUBIR p.110

Pourquoi j'ai et continue à subir ? Pourquoi est-on si démuni devant la violence verbale (et parfois physique) d'un concitoyen incivique ?

Pourquoi mon chemin de Vie a-t-il été si difficile ?

Qu'est-ce que j'ai fait pour mériter tout cela ?

Pourquoi ai-je subi tout cela ? Ou plutôt pourquoi ai-je accepté de subir dans ma vie ? ou Pourquoi ai-je laissé les gens me faire du mal et m'abîmer ?

Pourquoi tant de violence dans ma vie ?

Pourquoi ai-je attiré autant de manipulateurs ? Pourquoi mes parents m'ont martyrisée et battue au point d'en marquer ma chair ?

Pourquoi me suis-je moi-même maltraitée en reniant ma petite voix intérieure, mon enfant intérieur?

Pourquoi ai-je recherché dans mon ex-mari la même perversion qu'il y avait chez mes parents ? Pourquoi ai-je accepté de me faire maltraiter pendant si longtemps par mon ex-mari ?

Pourquoi ai-je pu me rebeller à 18 ans et me sauver de mes parents destructeurs et pourquoi n'ai-je plus trouvé l'énergie vitale pour le faire à 40 ans ?

Pourquoi a-t-on parfois envie de baisser les bras ? de dire à quoi bon ? Sans vraiment être dépressif mais plutôt fataliste.

Comment expliquer qu'il est possible de ne plus subir les conditionnements ?

Plutôt que subir, devrait-on renchérir ? ou bien systématiquement faire mine d'ignorer ? ou devons-nous calmer notre enfant intérieur et riposter avec notre adulte verbalement ou physiquement?

Pourquoi minimise-t-on souvent ses souffrances avec y'a pire, je pourrais être pauvre, aveugle, boiteux, cancéreux, et sdf ? Qu'est-ce qui fait qu'on ne voit pas sa souffrance ?

Comment dire NON et se protéger quand on sait que ce n'est pas bon pour soi ? Comment me positionner, dire non sans blesser ?

Pourquoi quand une fille se prend des remarques salaces, subit un harcèlement sexuel verbal, cela déclenche-t-il chez elle d'abord une gêne qui s'apparente à la peur mêlée de culpabilité ? Je l'ai subi, mais mes filles le subissent aussi dans le milieu pro. Pourquoi ce malaise mêlé de peur au lieu de l'instinct de colère et de guerre que cela devrait déclencher ?

Comment trouver la paix intérieure après une vie si violente ?

4/ LE REGARD DES AUTRES p.121

Pourquoi suis-je si dépendante du regard de l'autre ? Pourquoi ai-je tant besoin de faire plaisir aux autres ? Pourquoi je m'oublie au profit des autres ?

Pourquoi les réflexions des autres peuvent encore me déstabiliser?

Pourquoi les autres sont plus importants que moi ?

Pourquoi est-ce que je ne me sens pas à la hauteur ? À la hauteur de quoi ?

Pourquoi est-ce que je me compare aux autres ? Pourquoi j'ai peur du jugement des autres et de ne jamais être à la hauteur ?

Que me manque-t-il pour me choisir moi au lieu des autres ?

Qu'est-ce que je dois changer chez moi pour ne plus avoir besoin de distribuer du bonheur autour de moi ?

J'ai encore parfois le sentiment d'être une bonne « poire », j'ai une tendance à être prévenante et bienveillante avec les personnes qui m'entourent, sans me poser de questions, à donner un coup de main si besoin et je constate que c'est plutôt apprécié, et l'inverse n'est pas toujours au rendez-vous.

J'ai tendance à me demander ce que les gens pensent de moi, même si je sens que cette question est moins prégnante aujourd'hui.

Pourquoi je fais toujours passer les autres avant moi, pourquoi je me sacrifie ?

Pourquoi suis-je si facilement déçu par les autres ?

Pourquoi suis-je si dépendant/e de l'autre, de son jugement, de son attitude, de son regard ?

5/ DEVOIR, CULPABILITE, CONTRATS, INTERDITS. p.125

Pourquoi ai-je autant de mal à me libérer du travail, de ce que j'ai à faire ?

Pourquoi cette sensation de vivre en permanence projeté dans le futur sans pouvoir savourer le moment présent ?

Pourquoi cette difficulté à discuter simplement de la pluie et du beau temps avec les autres ?

Pourquoi je n'ose pas faire ce qu'il me plairait de faire ?

Quand une situation ne me convient pas, je le dis ! Mais souvent je culpabilise très vite et je me demande si ma réaction n'était pas démesurée, si je fais souffrir la personne pour pas grand chose...

Pourquoi est-ce si difficile de sortir de la culpabilité ? Comment arrêter de culpabiliser pour tout ce que je ne suis pas ou ne fais pas "comme il faut"?

Pourquoi je m'interdis d'être vraiment libre et heureuse ?

Pourquoi je ne me respecte pas, quand mon corps m'envoie des signes que c'est trop ?

Pourquoi je n'arrive pas à ressentir de la joie alors que j'aime ma vie ?

6/ DEPRESSION p.129

Pourquoi on tombe en dépression ? Pourquoi est-ce que je ressens ces vagues de tristesse ou de mélancolie parfois sans raison apparente ?

Je suis triste mais sans raison identifiée ?

Pourquoi est-ce que ne vais pas bien alors que j'ai tout pour être bien ?

Comment faire pour identifier les origines de cette tristesse ?

Pourquoi ai-je une tendance à la mélancolie, une sorte de fascination pour elle ? Comment faire pour m'établir plus durablement dans la joie ?

7/ DEPRESSION, DESTRUCTION p.133

Pourquoi vivre quand plus rien ne vous retient à la Vie ?

Est-ce si important de devoir continuer à vivre quand plus on n'en a plus envie du tout, quand chaque jour qui se lève est une nouvelle épreuve et que la douleur est insurmontable ?

Comment faire semblant quand tout devient juste impossible et que le seul réconfort se trouve dans le sommeil, ce sommeil salvateur provoqué par les somnifères et l'alcool où l'on arrive enfin à tout oublier : plus de questions, plus de pleurs, plus de douleurs ?

Pourquoi suis-je si lâche ? Pourquoi je préfère fuir dans les somnifères et l'alcool plutôt que d'affronter avec courage les drames de ma Vie ?

Comment réussir à me débarrasser des médicaments ?

Comment réussir à dormir ?

Pourquoi n'ai-je plus l'envie de me battre ?

Comment arrêter de se détruire ?

Quel est ce besoin de se détruire ?

Pourquoi n'ai-je plus aucune volonté ?

Comment trouver la force en soi pour se relever ?

Où trouver la force pour avoir envie de vivre ?

Comment se dire que la vie est belle malgré tout ?

Comment le déclic du changement se produit ?

Comment aider ma peau à repousser sans qu'elle ne redevienne armure, maintenant que je suis à vif et vulnérable?

Comment ne pas utiliser mon corps comme un outil d'autodestruction (j'ai eu une période en clubs libertins où je laissais faire ce qu'on voulait de moi) ?

8/ PARDONNER p.137

Pourquoi pardonner aux parents leur manque d'amour ? Leurs violences ? Leur volonté d'annihiler ma personnalité ?

Comment refaire confiance à l'autre quand il a tout fait pour me détruire ?

Que faire quand on ne peut plus croire en l'autre ?

Quand on ne peut plus laisser l'autre nous approcher et nous toucher ?

Quand juste un regard donne envie de vomir et d'hurler ?

Et pourquoi dois-je pardonner aux autres le mal qu'ils m'ont fait ?

Pourquoi et de quel droit me demandes-tu pardon alors que tu m'as volontairement détruit/e ?

Comment accepter l'idée même de pardonner ?

Comment accepter de recevoir le pardon de l'Autre ? Et pourquoi le recevoir ?

Pourquoi mes parents ne m'ont-ils pas donné d'amour ?

Comment pardonner et ou se faire pardonner ?

Comment oublier ?

Comment passer à autre chose ?

Comment lâcher prise ?

A quel moment sais-je que j'ai pardonné ?

9/ S'AIMER p.142

Pourquoi je ne m'aime pas ?

Pourquoi m'aimer puisque personne ne m'a aimée ?

Comment me connecter à mes intuitions ? (j'ai l'impression de ne pas en avoir)

Comment savoir ce dont j'ai envie ? (ce n'est pas facile pour moi : je ne sais pas quoi répondre quand on me pose cette question)

Comment savoir ce dont j'ai besoin ?

Comment faire pour me libérer de chaînes que je me mets moi-même ?

AIMER, qu'est ce que cela veut dire ?

COMMENT S'AIMER ?

Comment accepter ses faiblesses ?

Pourquoi je me sens tellement en décalage avec les autres, dans ma façon de penser, d'agir, de ressentir ?

Pourquoi m'a-t-il été si difficile de m'aimer ?

Pourquoi suis-je toujours en quête d'un amour qui me rassurerait ?

Peut-on oser ne pas aimer ses parents ?

10/ AUTONOMIE p.157

Quand est-on vraiment adulte ?

Pourquoi l'adolescence dure-t-elle si longtemps, parfois jusqu'à 30 ans ?

Quelle est la juste distance avec ses enfants adultes ? Ne jamais leur faire signe, les contacter une fois par mois ? semaine ? ou bien attendre qu'ils se manifestent ? Cela en écho avec la juste distance à mettre avec ses propres parents ☐ Certains enfants n'appellent jamais, d'autres régulièrement et certains trouvent que je ne leur fais pas souvent signe. Pas simple !!

11/ LE COUPLE p.158

Quelle est la limite entre l'égoïsme et s'aimer, ne penser qu'à soi, être autocentré, ne plus se soucier du bonheur/bien être des autres ?

Défendre son enfant intérieur demande un gros boulot surtout avec son conjoint. C'est même là que c'est le plus difficile, comment faire ?

Quel est la place des petites attentions pour l'autre ?

Pourquoi est-il si difficile de vivre sa spiritualité, l'amour du prochain, dans l'engagement mais en même temps de penser d'abord à soi ?

Comment faire pour être « moi » quand je suis avec quelqu'un qui me plaît, au lieu d'essayer de deviner ce qu'il faut que je fasse, que je réponde pour lui plaire ?

Comment trouver un rythme commun satisfaisant en termes de fréquence sexuelle ?

Comment je peux faire à face une personne qui m'ignore, boude ou casse l'ambiance ?

Pourquoi suis-je attiré par telle ou telle femme et pas par telle autre?

Et pourquoi cette attraction semble-t-elle indépendante de ce que pourrait me dire la raison ?

Pourquoi est-ce que dans l'expérience amoureuse je recherche l'intensité plus que la paix, quasiment malgré moi?

Pourquoi le quotidien me fait perdre conscience de l'échange avec mon partenaire et enlève la magie dans mon couple?

Comment vivre sans attentes de la part de son partenaire tout en ayant un attachement?

On ne peut plus être amoureux alors ? Avoir des papillons dans le ventre quand on pense à la personne, avoir envie de la voir tout le temps, etc...

12/ DECONDITIONNEMENT p.165

Dans le processus du papillon, nous avons appris que nous nous conditionnons pour nous adapter ou obtenir ce qui nous a été refusé, est-ce possible de se déconditionner sans intervention extérieure?

Comment faire pour ne pas conditionner notre descendance, enfants, petits-enfants, ... ?

A partir de quel âge le déconditionnement est-il possible ? Pendant, après, l'adolescence ? A l'âge adulte ?

13/ CHANGEMENTS p.167

Pourquoi les autres ne voient pas mes changements ?

Pourquoi le développement personnel me distancie de mes anciennes relations ?

14/ MANQUE DE CHALEUR p.169

Comment pourrais-je faire concrètement pour m'entraîner à être plus chaleureux, plus tactile ?

15/ ON M'A VOLÉ MON ENFANT p.170

Comment survivre au rapt de sa seule enfant ?

Comment se dire que la Vie continue alors que je me sens mutilée, que ma fille manque à ma chair ?

Comment se reconstruire quand on a le sentiment d'avoir tout perdu et plus aucune volonté d'avancer ?

Quand l'autre a dit : Sa seule faiblesse c'est sa fille et c'est par sa fille qu'on la fera tomber ? Comment oublier tous ces mots d'horreur ?

16/ COLERE p.171

Que faire de ma colère ? Comment puis-je l'empêcher de se répandre tout autour de moi et notamment auprès de mon conjoint?

Introduction :

Que c'est difficile d'être heureux ! Nous n'avons, effectivement, aucun mode d'emploi pour nous construire. Alors j'ai cherché. J'ai même rêvé de découvrir « le livre » qui allait m'éclairer, me guider, m'initier, et me permettre de comprendre pour grandir et trouver le bonheur.

La question était :
«Comment être « plus libre et plus heureux » dans ma vie ? ».

Je suis alors allé à la recherche des papillons heureux. Je n'ai pas de réponse absolue, juste une belle histoire à vous soumettre. J'espère qu'elle retiendra votre attention et peut-être vous éclairera, comme elle m'a éclairé dans ma quête.

Luc Pouget
Créateur du processus de déconditionnement :
« Le secret du papillon ».

« LIBRE ET HEUREUX, L'ENVOL ! »

J'avais entendu parler d'un endroit, dans une contrée lointaine, où des tribus observaient des papillons heureux. Ces papillons avaient deux pouvoirs. Ils pouvaient transmettre aux humains le virus d'être « plus libre et plus heureux » en se posant sur leur main, et en même temps nul ne pouvait les attraper.

Les autochtones étudiaient leurs comportements, avec l'espoir d'être contaminés par ce virus et de le transmettre à leurs enfants. Nous nous sommes mis en quête, ma femme et moi, de découvrir ce lieu avec le secret espoir qu'un de ces papillons vienne se poser sur nous.

Nous avons été récompensés de nos nombreuses recherches, qui nous ont menées devant une pancarte, sur laquelle nous pouvions lire :

« Vint un temps où le risque de rester à l'étroit dans un bourgeon était plus douloureux que le risque d'éclore. » Anaïs Nin

Aucun doute, nous y étions !

Je m'appelle Victor, je n'ai pas eu de papa, ni de maman d'ailleurs. La vie en a décidé autrement. Mon père est mort quand j'avais deux ans et ma mère est tombée en dépression pendant de nombreuses années. Elle ne pouvait s'occuper de moi et a décidé de me mettre au pensionnat pendant 10 ans. Un sentiment d'abandon s'est alors développé en moi et deviendra la souffrance de ma vie. Ma grand-mère, a pallié le manque de ma mère, et s'est beaucoup occupée de moi. Devant ma douleur récurrente et ma solitude, je devais trouver une solution. Je me suis mis en « chemin » et c'est naturellement que ma route m'a amené jusqu'à cette pancarte.

De nombreuses années de solitude ont fait germer en moi ce profond souhait de prendre enfin ma revanche sur la vie et d'être heureux. Mon vœu le plus cher est de fonder une famille. Oui ! C'est mon vœu le plus cher. Je réalise que j'ai tout simplement envie d'avoir ce que je n'ai jamais eu. Je comprends que pour y arriver je dois apprendre à me libérer de mon histoire pour enfin pouvoir être plus heureux. Cette prise de conscience sera une étape fondamentale pour mener à bien mes recherches.

Me voici donc devant cette petite porte.

Je suis accompagné de ma femme Camille.

Après une légère hésitation, nous échangeons un regard approbateur et décidons de pousser la porte.

Un long chemin de terre bordé d'herbes sauvages mi-hautes, multicolores, désordonnées, désobéissantes et odorantes au parfum de réglisse d'antan, se présente à nous. Au bout de ce chemin, un homme assis sur un banc nous regarde avancer. C'est un vieil homme, habillé d'une tunique blanche, avec des cheveux longs et grisonnants.

Nous continuons à nous en approcher, et plus nous avançons, plus son regard devient souriant. Nous sommes maintenant à trois pas de lui. Nous le saluons et il nous répond **« Bienvenue ! Je vous attendais. Tout se répare, même ce que nous n'avons pas eu. »**

Nous sommes interloqués et rassurés en même temps. Nous le regardons et il nous propose de nous asseoir à côté de lui, de fermer les yeux, et de réfléchir à cette question : « Pourquoi voulez-vous être plus libre et plus heureux ? »

Il ne sait pas encore que mon vœu le plus cher est de fonder une famille et qu'en cela, la question qu'il nous pose, est un bon préambule pour ne pas reproduire les erreurs de mes parents, et nous offre une belle perspective de réparation.

Quand nous ouvrons les yeux, il avait disparu et laissé à sa place un petit mot que nous nous sommes empressés de lire. Il était écrit : **« Si vous êtes prêts à l'effort, alors venez ! »**

« Bien entendu que nous sommes prêts à l'effort ! Nous n'avons pas fait tout ce chemin pour renoncer, alors que nous nous sentons si près de notre but.

Nous sommes déterminés. Camille et moi, sommes très excités par cette perspective : nous allons apprendre à être plus libres et plus heureux !
Nous continuons à avancer sur le chemin qui se présente devant nous et après une longue marche, notre questionnement est à son apogée.
Nous arrivons devant un très grand bâtiment carré, d'une trentaine de mètres de large, sans toit visible de l'extérieur et sur deux étages. Les murs sont gris et il n'y a pas de fenêtres.
Il semble avoir été posé là par accident au milieu d'une végétation luxuriante. Devant l'entrée, un magnifique lierre lascif, imposant, lézarde avec délectation sur la façade, il en est le seul résident. Il est écrit en son fronton :

ÉTAPE 1 « COMPRENDRE »

Nous nous regardons Camille et moi. Nous comprenons que nous allons vers un processus de changement, et que nous allons devoir intégrer étape par étape.
Nous traversons le porche d'entrée et un homme, tête rasée, en blouse blanche, avec des lunettes est en train de lire dans un fauteuil. Quelques odeurs d'eucalyptus embaument l'espace. Un thé fumant est à portée de sa main. J'ai l'impression de l'avoir déjà croisé dans une de mes vies antérieures.
Nous apprendrons plus tard que c'est : le PROFESSEUR.

Il dégage de lui une envie de transmettre. Je perçois également de la générosité et de la chaleur, ce qui me rassure. Il est difficile de lui donner un âge. Pas vraiment vieux, mais plus très jeune non plus, le crâne bien rond sans cheveux, il a l'œil vif et le sourire tendre.
Il nous salue et nous demande de le suivre. Nous traversons ce porche qui ressemble à un grand couloir le mettant à l'abri du soleil et de la chaleur, puis nous nous dirigeons vers une grande porte. Il l'ouvre et nous voilà propulsés dans un très grand espace surplombé d'une immense verrière, plus ou moins ouverte.

Au milieu, une cabane en bois entourée d'une multitude de BuddleJadavidii multicolores, les réputés arbres à papillons, et bien sûr une myriade de papillons virevoltent dans cet espace.

Il nous invite à nous assoir, dans le petit salon en rotin à l'ombre de sa cabane, se penche vers nous et nous demande :

- Que puis-je pour vous ?

- Nous voudrions apprendre à être heureux et… rencontrer ces fameux papillons heureux.

Il me regarde un bon moment et me répond : « **Regardez : tous mes papillons se tiennent à bonne distance de vous… »**

Le PROFESSEUR est à la retraite, il est le fondateur de la célèbre nurserie de « COUSSIBOULESPA KÉLATERRE SÉBOUTIOLE ». Il est Maître papillon. Une sorte d'accoucheur de Papillons.

Nous apprendrons plus tard qu'il est « Le » Maître papillon. Il a le pouvoir de les écouter, les entendre, il peut même leur parler. Il a passé de nombreuses années à les observer. Il a longtemps étudié le processus de la chrysalide et en a découvert certains secrets. Il a développé une théorie sur le passage de chenille à papillon, sur cette capacité à se débarrasser de ses peaux mortes, de ses « valises », ou de ses « freins » qui peuvent empêcher de s'envoler.
A sa plus grande surprise, il a conclu de ses nombreuses années d'observation que **le fonctionnement des papillons heureux est absolument transposable à celui des êtres humains.** Il en a tiré certaines conclusions et a ainsi mis à jour un processus qui a fait sa réputation et sa renommée. Mais la découverte de ces secrets passe par différentes initiations. Nous comprenons le sens des étapes.

Il nous demande de nous asseoir et commence sa confidence.
« SE RAPPROCHER DE SOI est notre première mission ! »

« Nous n'avons pas eu le choix ! Nous avons dû nous adapter, nous conditionner, nous programmer pour recevoir l'amour nécessaire et indispensable de nos parents dont nous avions besoin. C'était vital !
Ce qui ne veut pas dire d'ailleurs que nous l'avons reçu. »
Ça commence mal pour moi, qui n'ai pas eu de parents. J'ai d'emblée une pensée pour Jean, mon ami d'enfance qui a eu des parents maltraitants. Nous sommes lui et moi en quelque sorte des orphelins.

« Ce conditionnement a eu des conséquences capitales sur nos vies. Le problème principal c'est qu'il nous a écarté, plus ou moins, de ce que nous sommes naturellement, et c'est ce qui peut créer le mal-être.

Si l'écart entre celui que nous sommes devenu et celui que nous nous sentons à l'intérieur de nous est important, il y a conflit intérieur, voire maladie, mal-à-dit. »

Serait-ce alors la raison cachée pour laquelle nous souhaitons devenir heureux car forcément nous sentons Camille et moi que quelque chose ne va pas très bien dans nos vies.

Nous sommes saisis par les paroles du professeur, qui poursuit :

« Les facteurs du conditionnement sont principalement transmis par : le père et la mère, (beaux-pères et belles mères ou autres si ce sont eux qui nous ont élevés), puis la religion et l'éducation, et enfin l'entourage familial, social et les medias.
Le souci du conditionnement, c'est qu'il nous écarte de ce que nous sommes.
Nos parents ont fait comme ils ont pu avec ce qu'ils ont reçu de leur lignée. Ils ont subi, mais restent COMPLÈTEMENT RESPONSABLES de leur attitude envers leurs enfants. Quelle que soit l'attitude de nos parents, elle n'a pas été forcément bonne pour nous, et peut avoir de nombreuses conséquences sur nos vies.

Nous ne devons pas sous-estimer la responsabilité des parents tant leurs mots ou faits, sont à l'origine de nos difficultés : manque de confiance en soi, dévalorisation, dépendance à l'autre, poids du devoir, culpabilité, ne pas oser dire, difficulté à s'engager dans une relation, recherche de perfection handicapante, complexes corporels et psychologiques , plaisir et sexe compliqué voire interdit , difficultés à sentir et choisir, à se mettre en action, peurs, angoisses et insécurité chronique, aucune estime de soi, autodestruction, dépression, anorexie, boulimie, absence de joie, fort besoin de reconnaissance : en sont les principales conséquences.

Il est intéressant de remarquer que l'enfant a TOUJOURS du mal à poser un jugement objectif négatif sur son parent, il a toujours tendance à le rendre meilleur qu'il n'a été. Or c'est indispensable d'avoir cette objectivité dans la responsabilité des parents, pour comprendre comment nous nous sommes construits, sinon nous allons nier les raisons de notre construction et par là même de nos difficultés.

Je vais même ajouter qu'un parent transmet un modèle de fonctionnement que l'enfant aura de fortes chances de reproduire. Un parent maltraitant produira souvent un enfant qui deviendra à son tour un autre parent maltraitant !

À chacun ses responsabilités !

Quand j'évoque la responsabilité de nos parents, je ne dis pas qu'ils sont responsables de tout, nous avons notre part de responsabilité aussi : notamment en créant par ce que nous croyons, des obligations ou

contrats emprisonnants plus ou moins conscients. Par exemple, vous qui n'avez pas eu de papa, et dont la maman est tombée en dépression, ne vous êtes vous pas dit : « je te protègerai Maman ? » Personne ne vous l'a demandé, c'est vous qui vous êtes créé cette obligation ! »

- Oui, c'est exactement ça. C'était mon devoir en tant que fils... enfin c'est ce que je me suis toujours dit !

« L'ennui, c'est qu'il y a une série de conséquences qui en découle : d'abord, pour protéger votre maman, vous ne pouvez pas vous engager ailleurs, avec une autre femme et vous allez toujours trouver toutes les raisons du monde pour justifier ce non-engagement. Ensuite, vous développerez une exigence et l'autre ne sera jamais assez bien, le couple ne sera pas pour vous, etc... La principale conséquence en est la solitude, mais aussi une profonde souffrance »

- Absolument, c'est mon grand malheur !

Voici votre **premier enseignement** :

« NOUS SOMMES DEVENUS CE QU'IL A FALLU QUE NOUS SOYONS POUR RECEVOIR L'AMOUR DE NOS PARENTS »

Camille et moi sommes stupéfaits de cette révélation. Alors, Camille demande au professeur : «Est-il possible de changer et de devenir ce que nous voulons ? »

Le professeur sourit et répond : « Tout à fait et c'est la raison pour laquelle il est nécessaire d'être en accord avec soi avant de vouloir être heureux.
Il est possible de devenir ce que nous souhaitons»

Immédiatement, nous nous demandons comment faire pour être en accord avec soi ? Comment procéder ?

« Nous avons fait tout notre possible pour devenir celui que notre maman ou notre papa auraient souhaité avoir. Et c'est ainsi qu'un petit enfant à qui l'on va souvent dire non, va s'arrêter de demander.
La petite fille à qui les parents présenteront le sexe comme dangereux ou sale aura des difficultés à vivre sa sexualité.
L'enfant que l'on fera régulièrement taire, aura plus tard du mal à prendre la parole ou à se mettre en avant.
Le petit garçon dont les parents souhaitaient avoir une petite fille, va se féminiser, même jusqu'à l'extrême !
Si les parents sont dans le stress, la peur et l'inquiétude, l'enfant ne pourra pas être autrement. Il sera dans la peur, le stress et l'inquiétude avec une grande difficulté à se relaxer, relâcher, etc...

Bien sûr, souvent nous ne sommes pas obligés de nous éloigner autant de ce que nous sommes. Mais souvent le décalage est considérable. C'est sur ce décalage que nous allons devoir travailler et

apprendre à nous mettre en phase avec notre essence, nos pulsions de vie et nos élans.
Observons comment nous fonctionnons ?
En simplifiant, nous avons :

1/ Notre tête, notre ordinateur, notre CENTRE DES DÉCISIONS et d'ordres, avec deux fonctions principales : DIRE et FAIRE.

2/ Notre ventre, notre CENTRE DES RESSENTIS : **besoins, envies, désirs**, qui va être plus ou moins écouté par notre tête. Ce qui peut d'ailleurs expliquer qu'on ait le ventre noué quand quelque chose ne va pas.
Il donne les informations à notre tête, ou il ne les donne plus lorsqu'il a trop souvent été nié, ce qui forcément complique les choses.

3/ Nos vieux programmes réflexes : notre tête fonctionne avec des programmes, des réflexes appris et conditionnés tout au long de notre histoire et stockés dans une ancienne carte, dans le seul et unique but d'être aimé de nos parents. J'insiste, car c'est essentiel pour en comprendre l'impact et les conséquences.
Ces vieux programmes répondent : soit aux demandes des parents, soit aux obligations qu'ils nous ont imposées, soit à nos croyances ou contrats pour être aimés d'eux.

4/ Les nouveaux programmes réflexes : des programmes que nous devons fabriquer tous les jours, en lien direct avec notre ressenti, ce qui est bon pour nous. Ils enregistreront les nouveaux réflexes.

Toute la question est de savoir quel programme va choisir notre tête pour décider ?

Le travail consiste ensuite à créer et développer un stock de nouveaux programmes réflexes, afin qu'ils puissent s'opposer et s'imposer aux vieux programmes réflexes.
C'est au fil des jours que ce travail s'accomplira jusqu'à la victoire des nouveaux programmes sur les anciens, la victoire du ressenti sur le conditionnement.

C'est le deuxième enseignement :
« POUR ÊTRE EN ACCORD AVEC NOUS-MÊME, NOTRE CENTRE DES DÉCISIONS DOIT SUIVRE NOTRE CENTRE DES RESSENTIS ! »

C'est ainsi que nous nous rapprocherons de nous.
Notre travail consiste à imposer les nouveaux programmes qui vont au fil du temps remplacer les anciens. Attendez-vous à rencontrer des freins dans ce processus. Nous en serons le premier d'ailleurs. Vous allez le découvrir plus tard.

Mais comment peut-on concrètement faire pour fabriquer ces nouveaux programmes ?
La prise de conscience est un premier pas, le deuxième nécessite un travail spécifique. Il peut commencer avec la question suivante :

« SI J'ÉTAIS LIBRE, QU'EST-CE QUI SERAIT BON POUR MOI, LÀ, TOUT DE SUITE OU DANS CETTE SITUATION ?"
Enseignement 3.

Vous ne le savez certainement pas ! Alors posez-vous une deuxième question :
Et si je savais, qu'est ce qui serait bon pour moi ?

Vous risquez d'être surpris de recevoir une réponse.
Et, si elle ne vient pas, insistez !

Pour vérifier si ce sont les anciens ou nouveaux programmes qui dirigent, nous devons être attentifs à la réponse et vérifier si i elle favorise votre **EXPANSION ou votre RÉDUCTION ?**

Nous devons en commençant ce travail nous poser cette question en permanence : expansion ou réduction, afin de déceler les pièges des vieux programmes limitatifs. Est-ce que notre réponse favorise l'expansion (le bien-être, les sensations de plaisir, la liberté...) ou est-ce qu'elle nous limite. Alors seulement nous pourrons choisir.

De nombreux auteurs ont écrit sur ce sujet appelé : l'enfant intérieur.

Ce que nous devons comprendre, c'est que, **si tout au long de notre histoire, nous n'avons pas eu le choix, nous avons dû subir, maintenant que nous sommes grands, nous pouvons changer les choses et aller vers ce qui est bon pour nous, N'ATTENDONS PLUS ET CHOISISSONS NOUS !**

Ce sera le quatrième enseignement.

Ne trouvons plus d'excuses ou d'alibis pour ne pas faire ou aller vers ce qui est bon pour nous.

C'est maintenant de notre seule et unique responsabilité, et personne ne le fera à notre place.

Sinon inconsciemment, nous attendrons toujours de nos parents qu'ils fassent ce qu'ils n'ont pas fait et ne feront plus !

« Qu'est ce qui serait bon pour moi, là, tout de suite ou dans cette situation ? »

Cette question doit devenir notre seule préoccupation !

Mais vous allez devoir défier l'attachement ! »

Nous comprenons que les papillons heureux ne vont pas se poser sur nous tout de suite, tant ils se tiennent à distance, alors Camille demande au professeur :

- Professeur, que faut-il faire pour que les papillons heureux nous approchent ?
- **Apprendre, lâcher et attendre !**

Cela ressemble au programme de toute une vie et nous sommes impatients.

Le Professeur nous salue avec un sourire chaleureux et nous indique la sortie en nous invitant à continuer notre route.

Nous nous demandons si le chemin sera long ?
Et quand allons-nous enfin approcher les papillons heureux pour lesquels nous sommes venus et bien sûr recevoir ce fameux virus ? À la façon dont les papillons se tiennent à distance de nous, nous comprenons tout de suite que nous allons devoir changer quelque chose pour qu'ils se rapprochent, et d'ailleurs que devons-nous comprendre par : apprendre, lâcher et attendre ?
Nous n'avons vraiment aucune idée de l'endroit où cette aventure nous emmènera. Mais ce que nous apprenons devient passionnant !

Nous remercions le professeur et poursuivons le seul chemin qui se présente à nous. Il est verdoyant et l'air est un peu humide et tiède avec quelques senteurs de jardins exotiques.

Nous apercevons une maison.

Elle a un toit en feuilles de palmes sèches, et les murs sont en bambou ou plutôt en cordes, car on aperçoit à peine les bambous. Il est écrit en son fronton : Etape 2 sans autre indication.
Un garde, harnaché de cuir, de cordes, de fouets, de martinets, nous attend. Il est impressionnant mais nous n'avons pas peur. Il nous demande de nous asseoir sur le banc en face de lui, à trois mètres de la maison. Il nous donne une heure pour trouver le nom de cette étape, faute de quoi, nous retournerons voir le professeur.
Ce qui nous frappe tout de suite, c'est le nombre de cordes sur les bambous contre les murs de cette maison. Dire qu'il y en a beaucoup est un euphémisme, on voit à peine les bambous.
Je me demande comment tout cela peut bien tenir, et pourquoi toutes ces cordes ?
Et Camille d'ajouter que cette vue lui fatigue les yeux.
Plus le temps s'écoule, plus je me dis qu'il n'y a pas besoin d'autant de cordes, que les bambous se suffiraient à eux-mêmes !
Camille commence à s'habituer à toutes ces cordes et cela ne la gêne presque plus.

Le garde nous observe, il est cagoulé et harnaché de bandes de cuir noir qui se croisent sur sa poitrine, avec à l'intersection un grand plastron doré sur lequel est écrit : « LE GRAND DÉFI ! ».
Je comprends aussitôt que ce garde nous met en garde de quelque chose : de quel défi s'agit-il ?
Alors nous comprenons aussi pourquoi il n'y a pas de nom sur cette maison, et le sens de tous ces liens sur ces bambous. Ces liens qui semblent les étouffer. On en aurait presque oublié leur beauté. Et pourtant ils sont vraiment magnifiques !

Le nom de cette deuxième étape s'impose à nous, comme une évidence : l'attachement

ÉTAPE 2 « L'ATTACHEMENT »

Mais l'attachement à quoi ? A qui ?
Plus nous regardons cette façade, plus il nous semble que ces bambous étouffent sous les cordes et nous commençons à entrevoir que le grand défi pourrait être de se détacher ?

Alors le garde nous invite à entrer dans la maison. Elle est circulaire avec deux énormes poteaux en son centre qui soutiennent la toiture. A un mètre du sol sur chacun de ces deux poteaux, il y a une grosse corde qui en fait le tour et dont le bout tombe jusqu'au sol. Au milieu de ces deux poteaux passe un chemin qui va de l'entrée sans porte, à la sortie sans porte également.

Nous nous regardons Camille et moi, quelque peu surpris par cette maison, à la fois ouverte aux vents et avec de si gros poteaux surdimensionnés. Je n'en comprends pas tout de suite la symbolique.

Alors le garde m'invite à me mettre au centre et me présente mes parents : **« Voici ton père à droite et ta mère à gauche »**. Il m'invite à prendre les deux bouts des cordes qui touchent le sol. Je me trouve alors au centre des deux poteaux, lié par les cordes que je tiens. Il me demande de regarder la porte de la sortie qu'il y a en face de moi et me dit **: « Voilà devant toi, il y a ta vie. Essaie donc d'y aller tout en gardant le lien ! »**

Je comprends immédiatement le sens de cette Étape.

Personne ne me retient ! C'est moi, qui par ce lien, ne peux pas aller dans ma vie. Ai-je le droit de le lâcher ? Puis-je laisser mes parents pour aller dans ma vie ?

C'est le cinquième enseignement :

« NOUS NE POUVONS PAS ÊTRE LIBRE ET EN LIEN. NOUS DEVONS NOUS CHOISIR ! »

Camille réagit tout de suite : « Mais comment peut-on laisser ses parents pour aller dans sa vie. Nous leur devons tout ! Ce sont eux qui nous ont donné la vie ? C'est notre devoir d'en prendre soin ».

Je lui réponds que moi aussi je ne comprends pas bien. Mais à la fois, c'est la première fois que j'entrevois qu'en étant attaché à eux, cela peut me retenir et m'empêcher d'aller dans ma vie. Je me demande jusqu'à quelle limite, et surtout, comment faire autrement.

Nous décidons de retourner voir le professeur à la maison 1 de la compréhension.

Il nous attend à nouveau avec un grand sourire : **« je vous attendais, je savais que vous alliez revenir. Vous vous demandez comment peut-on faire autrement ? Comment peut-on être libre et en lien ? C'est à la fois facile et difficile ».**

C'est le sixième enseignement :

« NOUS DEVONS TROUVER ET GÉRER LA DISTANCE AVEC NOS PARENTS ! »

Si vous pouvez leur dire « non » sans aucune culpabilité, vous saurez où vous en êtes de votre attachement.

Nous devons pouvoir dire « non » à nos parents, sans culpabilité. Les confier à l'existence, et faire juste ce qu'il faut, à minima et sans jamais s'oublier, subir, ou pire, se sacrifier !

Si certains d'entre nous peuvent se sacrifier, ce sera alors par choix, ou devoir.

Cette distance s'apprend et nécessite qu'on change notre relation à eux, qu'on se choisisse.
Pour certains d'entre nous la tâche est très difficile, d'autant plus si nous avons été maltraités. C'est un paradoxe, mais c'est ainsi. Ce sont les enfants les plus maltraités qui ont le plus de mal à prendre de la distance avec les parents.
Comme s'ils espéraient encore un changement d'attitude de leur part : comme un vieux rêve. Mais c'est un leurre ! Vos parents ne referont pas votre histoire. Vos parents ne vous guériront pas.

Quelques questions se posent alors.

La première des questions de cet enseignement est :
« Jusqu'où peut donc aller cet attachement ? »
La complexité de la réponse est qu'elle tient de l'inconscient, mais les conséquences d'un attachement aux parents sont bien réelles :

- **Impossibilité de s'engager dans une relation**
- **Impossibilité de se mettre en action**
- **Impossibilité de réussir**
- **Impossibilité d'avoir du plaisir**
- **Impossibilité de jouir**
- **Impossibilité d'avoir une belle sexualité**
- **Impossibilité d'oser, pour ne pas les décevoir**
- **Impossibilité de se choisir, d'aller vers ce qui est bon pour nous**

Car tout cela pourrait nous faire prendre le risque de perdre l'amour de nos parents, celui que nous n'avons pas eu mais qu'inconsciemment nous pourrions espérer. C'est un leurre !
Ce qui est fou, c'est que les conséquences de cet attachement persistent, restent actives, même quand les parents sont morts. D'où l'importance de faire un travail pour ne pas être prisonnier de cette relation. C'est un processus de maturation qui part de la prise de conscience.

La deuxième des questions est :
« Alors, comment mettre de la distance avec nos parents et la gérer? »

« La relation va forcément changer, et c'est vous qui devrez en définir le nouveau fonctionnement : peut-être vous changerez la fréquence à laquelle vous vous voyez et téléphonez, en tous les cas c'est vous qui déciderez ce qui est possible et ce qui ne l'est pas ou plus. Et vous risquez fort de devoir l'imposer car vos parents seront toujours sur l'ancienne mode relationnel. Il est maintenant question de votre liberté et dans certains cas de votre survie.
Alors l'équation dans des situations radicales est simple : ce sont eux ou vous ?
Mais les solutions ne sont pas toutes radicales.
Imposer une nouvelle relation signifie ne plus subir. Et cela peut se faire très sereinement, en étant centré.

Vous risquez de vous rendre compte que vos parents peuvent entendre. Vous pourriez même être surpris.
Ensuite chaque fois qu'une situation vous y poussera, il vous suffira de corriger, en précisant à nouveau ce que vous ne voulez pas ou plus. Dans certains cas peut-être, vous pourrez quitter la pièce ou le lieu, voire avertir de rompre la relation momentanément ou définitivement. Parfois nous n'aurons pas le choix.

Cette distance, qui nous permet d'aller dans notre vie, peut aussi s'imposer par lettre, avec l'avantage de pouvoir être lue et relue, de peser ses mots pour ne pas blesser tout en étant ferme. Et contrairement à ce que l'on peut supposer, une fois notre peur dépassée d'avoir posté cette lettre et aprés la réception de l'égo du parent, la situation peut incroyablement s'améliorer. En effet, vous allez abandonner votre attente, vous choisir et sortir de la relation/névrose qui ne fait grandir personne.
Certes la relation ne sera plus la même, mais elle sera assainie pour le bien de tous. »

Je demande alors : « Mais quand les parents sont morts comme ceux de Jean, y a-t-il toujours cet attachement ?

Le professeur répond
et c'est le septième enseignement :

« TANT QUE LE LIEN N'EST PAS MODIFIÉ ET GÉRÉ, IL RETIENT ! »

Ceci signifie que cette démarche s'inscrit dans le temps, et nécessitera une vigilance permanente. C'est le prix à payer pour aller vers ce qui est bon pour soi. Plus vos parents auront été aimants, plus il sera facile de gérer cette distance, car de fait, ils seront déjà moins « demandant » et attendront moins de vous.

Et cela n'obligera plus certains à aller à l'autre bout du monde pour vivre… »

- Mais est-il possible de se passer de ce travail ?

Le professeur répond sans ambiguïté :
« NON, Cela ne se fait pas tout seul ! Ce n'est pas une démarche naturelle. Alors cela doit se travailler.
Il est essentiel de prendre conscience de cet attachement et faire ce qu'il faut pour que le lien à nos parents ne nous empêche pas d'aller vers ce qui est bon pour nous. Il est important d'instaurer cette distance et la gérer, encore et encore ».

- Comment, alors, se guérir de cet attachement ?

Le professeur joint les deux mains, nous salue en inclinant la tête et nous propose de continuer le chemin en laissant de côté l'étape 2, celle de l'attachement, tant la démonstration des poteaux avait été éloquente.

Nous comprenons seulement maintenant que cette étape n'est pas celle de l'attachement, mais plutôt : l'étape du détachement !

Nous reprenons le chemin et notre marche, sur les conseils du Professeur. Nous décidons de bivouaquer à la belle étoile encore tout ébahis des multiples découvertes et prises de conscience que nous venons de faire.

Nous commençons aussi à sentir un vent de fraicheur souffler sur nos vies. Nous n'avons encore rien mis en pratique, mais nous pressentons déjà que nos vies ne seront plus les mêmes, qu'elles vont changer pour des jours plus heureux. Nous nous endormons, les yeux brillants et le cœur chaud.

Nous nous réveillons tôt le matin,

friands de la perspective de nouvelles découvertes. Nous comprenons que nous devons « grandir ». Nous poursuivons notre route, à la recherche de ces fameux papillons que nous n'apercevons plus.
Le temps se refroidit au fur et à mesure des heures qui s'écoulent. Nous passons une journée entière à marcher, avec cette question lancinante : comment se guérir de cet attachement ?
Après cette journée méditative de marche, la végétation a quitté le vert pour nous proposer une steppe un peu aride et vallonnée, il y règne un climat plus rude et sec, sous lequel nous n'aimerions pas devoir dormir à la belle étoile.

Nous apercevons au loin une multitude de petites lumières. Il est tard et le chemin est balisé d'une grande quantité de petites bougies, certainement au cas où nous voudrions rebrousser chemin. L'invitation est trop chaleureuse avec le froid de la nuit qui arrive. Ce chemin de lumières nous conduit devant une superbe yourte de laquelle s'échappe une épaisse fumée.

À notre arrivée au seuil, une pancarte nous indique :

ÉTAPE 3 « SE RÉPARER »

Une voix nous invite à traverser des peaux de mouton, en guise de rideaux, qui empêchent le froid d'entrer. Nous restons sans voix devant le spectacle qui s'offre à nous.
L'intérieur de la yourte est éclairé de mille bougies, il y a bien une trentaine de chats, trois rocking-chairs et une odeur délicieuse de santal enivre la pièce.

Sur le rocking-chair au centre de la yourte, confortablement installée, se trouve Svetlana, qui veut dire en russe : « celle par qui vient la lumière ». Svetlana est une chamane Bouriate, venue de Sibérie, toute en rondeur du visage aux pieds, un chat gris-bleu sur ses genoux et un sourire qui semble avoir traversé les temps. Je suis immédiatement envahi d'une sensation de bien-être, de chaleur et de calme, je me tourne vers Camille et un sourire s'installe sur nos visages, sans savoir ni pourquoi, ni comment. Nous sommes sous le charme, quand Svetlana s'adresse à nous : « Priviet, Davaï ».

Nous comprenons que nous sommes invités à nous installer, sur les peaux de moutons des rocking-chairs. Nous entendons un « bip bop a lula » en fond sonore, qu'elle arrête avec sa télécommande. C'est une chamane moderne, venue de nulle part. Nous sommes séduits par tant de douceur et prêts à poser notre question : comment se guérir de cet attachement ?

Je n'ai pas besoin de parler et elle nous dit en français :

« DEVENIR SON BON PARENT QUI SÉCURISE ET CONSOLE ! »

C'est le huitième enseignement et nous sommes impressionnés de l'aura de Svetlana.

Dans nos rêves les plus fous, nous ne pourrions imaginer rencontrer ce type de personne, et nous avons ce soir la chance de partager avec elle une veillée qui s'annonce profondément chaleureuse

À mots feutrés alors j'ose demander à Svetlana ce que signifie devenir son bon parent qui console et sécurise ?

« Devenir la mère qui console et le père qui dit, fait, défend, passe à l'action, sécurise : est la clef » me répond-elle.

« Posez votre main sur votre ventre et parlez-vous à voix haute s'il n'y a personne autour de vous, jusqu'à ce que vous vous sentiez sécurisé ou consolé. S'il y a du monde autour, parlez-vous en voix intérieure. Et tant que vous ne vous sentirez pas apaisé, continuez à vous parler !

Cette sécurisation nécessite que vous interveniez immédiatement dés que vous sentez le moindre stress, la moindre peur ou angoisse. Il est essentiel d'enregistrer ceci sinon, la blessure d'origine du passé: abandon, trahison, rejet, humiliation ou injustice sera réactivée. Seule une sécurisation immédiate vous permettra de ne plus souffrir comme vous avez souffert dans le passé. C'est la clef pour ne plus jamais être seul au monde et dans le désespoir.

C'est ce que vos parents auraient dû vous apprendre, alors maintenant c'est à vous de le faire. Avec le temps cela deviendra naturel et instantané, mais au début cela doit s'apprendre, alors il faut se forcer et s'entrainer, et il n'y a pas d'autre voie pour devenir son bon parent ! »

Le silence est là. Seuls les ronronnements des chats et le souffle du poêle bercent l'espace, le tout accompagné du sourire de Svetlana qui nous regarde, sans autre mot.

Il me semble avoir compris mais j'ai besoin de confirmation.

Devant les mots rares et comptés de Svetlana, je prends la main de Camille, lui fais un signe pour que nous fermions les yeux et je décide d'appeler le Professeur pour qu'il nous explique.

Il apparait et nous pouvons le visualiser en face de nous, il nous dit alors :

« Ce que nos parents ne nous ont pas donné, nous devons nous le donner !

Nous devons apprendre à ne plus l'attendre d'eux.

Nous devons nous parler jusqu'à ce que nous soyons consolés comme une bonne mère aurait pu le faire, jusqu'à ce que notre ressenti intègre que la partie de nous qui agit est bien là, présente et que nous sommes avec nous. Nous ne sommes plus seul au monde, NOUS NE SOMMES PLUS SEUL, nous sommes avec nous-même !

Nous devons comprendre que nous avons attendu cette sécurité de nos parents, et restons machinalement sur la même dynamique et sur la même attente inconsciente.
C'est une fausse croyance qui peut réveiller les vielles peurs et angoisses de situations quand nous étions petits.
Aujourd'hui, ce n'est plus le cas, vous êtes grand, vous avez la possibilité de réagir.
Dès que vous sentez, stress, peur, angoisse, vous devez vous parler immédiatement jusqu'à ce que vous vous sentiez consolé et sécurisé, vous devez réagir pour vous mettre en situation de confort.

Nous avons le pouvoir de nous sécuriser et nous défendre : dire, répondre à la personne qui nous aurait blessé, réagir lorsque nous sommes attaqués, fuir quand le danger est trop fort ou affronter,
dire « non », crier, se défendre physiquement, etc., mais surtout ne plus jamais subir. »

Je comprends alors pourquoi il est nécessaire d'être en accord avec soi-même pour être heureux, afin de pouvoir tenir bien debout en accord avec ses besoins, ses envies et désirs.
Une sorte de condition à des jours heureux ?
Nous remercions le Professeur et ouvrons les yeux, Svetlana s'était endormie.
Nous décidons de nous allonger l'un contre l'autre, et nous nous endormons à notre tour, bercés par les ronronnements des chats.

A notre réveil, les chats sont bien là mais Svetlana a disparu.

Elle a laissé sur son siège un petit mot :
« Devenir son bon parent qui console et sécurise ! »

Nous prenons alors un moment avec chaque chat pour les remercier et quelques caresses plus tard, nous reprenons la route.

Le paysage change à nouveau,

Camille et moi sommes remplis de gratitude face à ce que la vie nous présente. L'air se réchauffe au fil des heures, devient assez chaud et seuls quelques alizés l'animent. L'herbe est toujours jaune. Notre marche est rapide et l'effort musculaire intense offre à notre excitation une sensation corporelle agréable. Il fait bon, chaud et nous avançons vers cette nouvelle étape. Quelle sera-t-elle ?

Nous croisons quelques gazelles et zèbres très étonnés de nous voir passer par là, une girafe au sourire légèrement arrogant et nous apercevons même, au loin, un ours polaire « rieur »… une race bien rare.
Nous devons nous pincer pour y croire !

Non, nous ne rêvons pas et acceptons d'aller de découvertes en découvertes. Et nous ne sommes pas au bout de nos surprises.
Cet endroit s'apparente à une école de la vie. Nous commençons à sentir la pertinence de chacun des messages révélés à travers les différentes étapes qui se succèdent et il nous tarde d'en connaître la prochaine.
Notre motivation est à son sommet, rien ne peut nous détourner de notre route.

Nous décidons de faire une pause sous un magnifique ébène, le temps de se rafraichir et de récupérer, nous repartons de plus belle. Nous avons marché toute la journée, puis nous avons entendu au loin quelques tambours nous annoncer.

Nous montons une petite colline au sommet de laquelle un couple de guerriers se tient assis sur un rocher. La femme est blottie dans les bras de l'homme, ils semblent nous attendre. Ils se lèvent et nous font un signe de la tête : « Mahii » dit-il, « Okuma » dit-elle,
Nous répondons : « Victor » et « Camille », puis ils nous tirent la langue en signe de bienvenue. Nous faisons de même.
Elle, est vêtue de tissu rouge et multicolore, de peau assez noire, ornée de longues boucles d'oreilles et d'un turban, d'une somptueuse collerette et de colliers, tête rasée, cape et lance au bras, deux traits rouges horizontaux fendent ses joues.
Lui, est un peu plus clair de peau, une grande couronne de feuilles sur la tête, quelques tatouages de type Maori sur la moitié droite de son visage et une partie de son buste, un grand collier, un pagne en feuilles ainsi que d'autres feuilles sur les bras et les mollets, deux traits rouges verticaux fendent aussi son visage. Lui aussi est muni d'une lance.
Sans être vraiment rassurés, notre bonne étoile nous suggère de faire confiance. Nous les suivons, descendons un chemin un peu escarpé et entrons dans une immense forêt.

La végétation se fait plus dense et la lumière s'atténue. Nous entendons des cris d'animaux, certainement des singes, ainsi que des oiseaux qui nous signalent que tout va bien se passer.
Voilà maintenant deux heures que nous suivons ces deux guerriers et apercevons maintenant entre les troncs d'arbres de la lumière. Cette forêt débouche sur un grand lac, sorti de nulle part. Ce lac est absolument magnifique.
L'ambiance qui se dégage est somptueuse, un calme pénètre nos corps, et la vision de cette immensité d'eau nous invite à nous poser quelques minutes en silence. Camille et moi sentons l'envie de nous rapprocher.
Puis nos deux guerriers se remettent en marche et nous longeons les bords de ce lac pour apercevoir une très longue allée, sur pilotis. Au bout de cette allée, le chemin se divise en direction de deux grandes maisons.
Nous entendons des chants d'hommes et de femmes qui se mélangent. Puis ils se taisent.
Nous sommes invités à nous séparer, je suis Mahii et Camille suit Okuma.

Les maisons sont en bois. Un vieux bois avec des palmes séchées sur les toits. Elles sont assez grandes mais très différentes l'une de l'autre. Celle des hommes ressemble à un cube et celle des femmes à une sphère. Comme si cela était important qu'elles soient si différentes !

À l'entrée de cette maison carrée, un totem indique :

ÉTAPE 4

« SE DIFFÉRENCIER : LE MASCULIN »

Je traverse un rideau de branchage et me retrouve dans la pénombre, entouré d'une douzaine d'hommes, dans le silence le plus total. Je ne vois que leurs yeux et retiens ma respiration. Une pensée furtive me traverse : « *Vont-ils me manger ?* » puis je retrouve un léger sourire intérieur.

Ils sont tous de la même tribu que Mahii et ils commencent à chanter.
Mahii se pose face à moi et me regarde, il ne chante pas, je ne suis pas rassuré. Puis les hommes commencent à me déshabiller, je les laisse faire car eux non plus ne sont pas très vêtus.
Me voilà nu, complètement nu, au milieu d'eux, et sans savoir ce qu'ils vont faire de moi.

Je cherche discrètement une grande marmite, il n'y en a pas, je me détends.
Les chants s'arrêtent. Les tambours se mettent en rythme, de plus en plus fort, puissants, je les ressens dans mes jambes et me surprends à marquer le sol avec mes pieds, ce que tous ces guerriers font déjà autour de moi depuis un petit moment.
Une vibration intérieure m'envahit et une joie arrive, je l'accueille avec surprise. Je me sens dans l'ici et maintenant, et nous dansons au rythme des tambours.

Ils s'arrêtent !
Le silence est impressionnant, il semble durer une éternité.
Mahii commence très doucement à faire monter un son grave, comme un marmonnement inaudible, une sorte de « ommmmm » tibétain. C'est très saisissant.
Accompagné par ces sons, l'un des hommes, s'approche de moi et pose sur ma peau une sorte de graisse qui sent la noix de coco et me dit fermement « TANE, TANE, TANE ».
Je ne sais s'il me trouve beau ou séduisant, mais le ton n'est pas vraiment chaleureux, alors j'évite une traduction totalement hypothétique et j'essaie de lâcher prise. Un deuxième vient me poser également un peu de graisse sur mon corps et me dire «TANE, TANE, TANE ». Et chacun des hommes du groupe en fait de même et prononçant : «TANE, TANE, TANE »
Lorsque tous les hommes sont passés, les chants s'arrêtent. Mahii se pose en face de moi et se met à parler en français, à ma plus grande surprise :

« TANE veut dire MASCULIN ! Le Masculin donne, émet la semence, donne les axes et la structure, conquiert l'espace. Il est dur et droit, ouvre le chemin, est un compétiteur, a la vision du futur, est responsable de la quête existentielle, a les clefs de l'extérieur, protège de l'extérieur, établit les frontières et les limites, permet au féminin de porter le fruit en sécurité, a la clarté, la capacité de jugement, la décision. Il est le ciel, le soleil, le feu et disperse les énergies. Il est le gardien du couple et de la famille, il peut se casser là où le féminin s'adapte. Il initie les directions de la famille. Il est le gardien du couple.

Pour qu'il y ait des femmes, du *yin*, il faut qu'il y ait des hommes, du *yang*. Il n'appartient qu'à toi de faire de ta femme une déesse, de l'honorer et la servir comme telle !

Pour renforcer ton *yang*, ne doute pas ! Dis à ta femme combien elle est belle, combien tu aimes son cœur, sers-la par ton sexe, invite-la à te servir et embarque-la ! »

Un long silence s'impose.
Mahii dessine en rouge deux traits verticaux sur mon visage.
Je viens de recevoir l'initiation du Masculin. C'est comme si ma colonne vertébrale s'était allongée. Je me sens respirer comme jamais, j'ai en moi une sensation de plénitude que la vie ne m'a jamais offerte. J'ai reçu un axe.

De l'autre côté, une maison ronde

avec un autre totem indique:

ÉTAPE 5
« SE DIFFÉRENCIER : LE FÉMININ »

Camille est emmenée par Okuma à l'intérieur. Puis me raconte ce qu'elle a vécu.

Sur les murs, des tentures chatoyantes, des encens inondaient l'espace. Toutes les femmes étaient assises silencieuses, peu vêtues avec des collerettes somptueuses autour de leur cou et des turbans sur la tête. Camille s'est sentie tout de suite en monde connu.

Les femmes formaient un grand cercle. Au milieu de la pièce deux grands coussins ont été installés.

Camille est invitée à s'assoir sur l'un d'eux. Sur le gros coussin, en face d'elle trône un plateau avec autant de bougies que de femmes présentes. Au centre, un œuf noir, de la taille d'un œuf de poule repose sur un petit support de bois.

Les femmes ont alors commencé à chanter. Les voix qui s'élevaient, étaient de celles qui réchauffent les cœurs, les mondes, les peuples et au fil des minutes, Camille se sentait fondre dans une profonde communion.

Elles ont entendu les tambours des hommes et elles sont restées silencieuses.

Quand ils ont cessé, Okuma s'est placée devant le coussin, face à Camille, elle a pris l'œuf dans ses mains et l'a regardé, un long moment, le temps s'était arrêté.

Puis, Okuma a dit :

« Le Féminin accueille, reçoit, accepte, est sensible, intuitif, aimant, souple, adaptable, accepte d'être fécondé par le mystère de la vie, se laisse toucher, donne sans attente, crée ce qui n'existe pas, protège le vivant, règne sur l'intérieur, protège l'intime. Il est la terre, la lune, l'eau, il nourrit la chair, rythme le temps, organise les cycles, condense les énergies, crée l'animation du couple et de la famille, plie mais ne se rompt pas.

Pour qu'il y ait des hommes, du *yang*, il faut qu'il y ait des femmes, du *yin*. Il n'appartient qu'à toi de faire de ton homme, un dieu et de l'honorer et le servir comme tel !

Pour renforcer ton *yin* :
Deviens chatte ronronnante et fondante au goût de miel et dis à ton homme combien tu aimes son désir pour toi ! »

Elle ajoute : **« je te confie le secret de l'œuf de Yoni : il a traversé les temps, il ancre le féminin, il stimule par l'intérieur : énergétiquement, émotionnellement et spirituellement. Il répare à cet endroit qui peut être blessé par le masculin. Le porter te rendra différente, car le secret sera en toi, il a un puissant pouvoir et un changement se produira. »**

Elle s'approche de Camille et met l'œuf dans sa main, il est parfaitement lisse.

Okuma enlève sa tunique avec solennité et conscience, se campe droit devant Camille, les pieds un peu espacés. Elle met ses deux mains sous son sexe et sort de sa vulve son œuf. Elle tend lentement son bras et le lui montre. Un silence accompagne le temps. Okuma baisse ensuite sa tête et sans mot-dire avec la même gravité le remet à sa place, à l'intérieur d'elle.
Une forte émotion envahit Camille, un mélange de joie, de tristesse, une sensation de recevoir quelque chose qu'elle aurait aimé recevoir de sa mère ou des femmes de sa lignée, une réparation.
Okuma invite Camille à se lever et à faire de même.
Camille ne se pose aucune question sur les vertus de cet œuf, tant l'offrande est belle. Elle prend cet œuf sacré, humecte ses lèvres de sa salive et le fait glisser délicatement à l'intérieur d'elle.
Les femmes se lèvent et se mettent à danser, elles placent Camille au centre, et jettent sur elle des pétales de fleurs en disant : « vahiné, vahiné, vahiné, vahiné… »
Camille comprend que cela veut dire : Féminin.
Elle ressent le vertige du grand et de l'indicible.
Elle se souviendra longtemps de ce moment.
Elle sent son cœur tinter dans sa poitrine, il lui dit « *oui, oui, oui* » et dans son ventre une magnifique pulsation, une chaleur douce et immensément relaxante. Elle vient de recevoir l'initiation du Féminin.

Elle porte l'œuf que cette tribu lui a confié, elle ne s'est jamais autant sentie « femme » !

Okuma la raccompagne sur le seuil de la porte.

Camille m'aperçoit alors que je sors de la maison des hommes. Nous nous retrouvons, et restons un long moment enlacés et absolument silencieux, à la croisée de ces deux maisons sur pilotis.

Puis nous nous avançons vers la rive,

où nous voyons, une personne de dos qui nous attend, c'est le Professeur : **« Je suis très heureux de vous retrouver**, nous dit-il, **je vois et je sens que des choses se sont passées. Magnifique ! »**

Je dois vous confier trois autres enseignements :

« POUR QU'IL Y AIT DU MASCULIN, IL FAUT QU'IL Y AIT DU FÉMININ »
Enseignement 9

« POUR QU'IL Y AIT DU FÉMININ, IL FAUT QU'IL Y AIT DU MASCULIN »
Enseignement 10

Ensuite vous devez entendre que l'autre est différent de vous. Il n'est pas comme vous et c'est certainement ce qui vous attire. C'est comme le positif et le négatif, l'attraction se crée par les polarités. Votre conjoint ne réfléchira pas et ne fera pas comme vous. Alors ne cherchez pas à le changer, la voie du couple est de l'accepter tel qu'il est pour ce qu'il est et non pour ce qu'il vous apporte ou compense. Cela prend toute une vie, et pimente la relation, c'est un travail et un engagement de tous les jours, et le fruit en est : le partage, la seule richesse qui ne s'achète pas !
C'est ainsi que des couples cheminent très longtemps ensemble, nourris par leur partage et leur différence.

« CHAQUE FOIS QUE TU CHERCHES À CHANGER L'AUTRE, TU LE TUES »

Enseignement 11

Le Professeur nous salue, plus chaleureusement qu'à l'accoutumée, et nous comprenons que nous ne le reverrons certainement pas, à nouveau, sur notre chemin.

Nous joignons les mains, nous nous inclinons longuement, fermons les yeux et lorsque nous nous relevons, il a disparu.

Nous devons nous reposer de tant d'émotions. Aussi, nous décidons de veiller sur les rives de ce lac magnifique, un peu étourdis de toutes ces aventures, et étonnés de la complexité et du nombre des prérequis à notre quête pour devenir « libres et heureux » !

Nous marchons trois jours, le temps nécessaire d'intégrer, de goûter à mon axe et Camille à sa chaleur retrouvée.
Nous suivons à nouveau les pancartes : « c'est par là !»

Puis une d'entre elles nous annonce :
« GRANDE NURSERY DE COUSSI-BOULESPA KÉLATERRE SÉBOUTIOLE ».

ÉTAPE 6 « SE GUERIR »

Cette célèbre nursery dont on nous avait parlé se présente à nous. Nous sentons une excitation monter tant la perspective de contact avec ces papillons « heureux » est prometteuse.

C'est un immense bâtiment noir qui se dresse devant nous avec des fenêtres opaques. Quand je dis grand, il fait bien une centaine de mètres de côté sur quatre étages. Autant vous dire qu'en pleine brousse, ce bâtiment est très impressionnant. Son aspect extérieur est assez austère, mais son portique d'accueil très coloré avec des lettres multicolores annonçant cette grande nursery. Le contraste est saisissant. Nous ne percevons pas à cette distance d'effervescence particulière. Le lieu paraît tranquille.
Nous nous en rapprochons et décidons d'entrer dans cette enceinte fermée. Nous arrivons dans un immense patio à la végétation luxuriante peuplée d'une myriade de papillons.

Sont-ils des papillons heureux ? Est notre question. Car nous espérons bien qu'ils se posent sur nous.
Nous nous trouvons dans un genre de bar à thés, pourvu de transats et de parasols, un endroit plutôt paradisiaque voué à l'oisiveté. Les fenêtres opaques ne laissent rien percevoir de ce qui se passe à l'intérieur. Cet immense cube austère et très mystérieux, cette enceinte puissante de quatre étages qui cercle ce luxurieux jardin offrent une sensation puissante de protection et nous pouvons imaginer qu'elle est propice à l'éclosion des papillons.
Cette grande nursery de « COUSSIBOULESPA KÉLATERRE SÉBOUTIOLE », dont le professeur que nous avons rencontré est le fondateur, regroupe en son sein les recherches les plus avancées en matière d'éclosions pour aller vers sa liberté.
Nous décidons de nous installer sur un transat et une certaine Ananta vient nous demander ce que nous souhaitons boire et nous informe qu'on viendra nous chercher et que les visites sont toutes les heures. Plusieurs pôles sont annoncés par les pancartes que nous percevons : psychothérapie corporelle, psychiatrie, psychologie, philosophie, ostéopathie, psychomotricité, magnétisme, chamanisme, aromathérapie et sociologie.

Nos thés glacés au citron vert arrivent, et ils sont bienvenus. Je prends la main de Camille et nous nous regardons, comme pour se dire que nous ne rêvons pas, que cette aventure est bien la nôtre.

Le seul point négatif du moment est que les papillons restent très à distance de nous. Nous nous consolons en nous rappelant les deux mots du professeur qui

étaient : lâcher et attendre. Pour attendre, il n'y avait pas de doute pour nous, cela faisait longtemps que nous attendions. Pour lâcher, nous avions certainement encore à apprendre.
Se présente alors à nous : Antoine de Tuttikouinti, personnage tout en longueur, très coquet, un brin aristo et plutôt intello, lunettes, panama, petit gilet, chemise blanche et pantalon en lin, mocassins et lavande à la boutonnière.
Avec un joli français un peu désuet, il nous invite à terminer notre collation et le suivre. Nous entrons dans un superbe amphithéâtre tout rose, comme une matrice, les murs sont revêtus de mousses acoustiques roses et le son est sourd.
Cette fois-ci, nous nous retrouvons seuls avec Antoine qui nous invite à prendre place dans des chiliennes en toile jaune citron rayées de bandes oranges et dans une position semi allongée plutôt très relax, puis il monte en chaire.
« Chers visiteurs soyez les bienvenus, bienvenue à la grande nursery de « COUSSIBOULESPA KÉLATERRE SÉBOUTIOLE », créé en 1788 par le fameux et très reconnu professeur Lucien ENSOLEYA DE PEZENAS EN PAYS D'OC. »
Camille et moi nous nous regardons, le professeur que nous avons rencontré aurait plus de 200 ans ?
Il n'a pas dû tout nous dire.
Puis il reprend : « Cette université du bonheur s'appuie sur les conclusions de l'étude des chrysalides de nos chenilles qui sont incroyablement transposables à la race humaine. C'est la découverte majeure de notre professeur fondateur qui permet aujourd'hui à des équipes de continuer à découvrir les mystères de la liberté et du bonheur.

Comme vous avez pu le voir, ces chercheurs sont regroupés en différents pôles et croisent leurs découvertes lors de symposiums trimestriels.

Ils ont mis en lumière 14 psychotypes de chenilles que je vais vous présenter, mais surtout j'aurai l'immense honneur de vous en délivrer nos préconisations pour la délivrance de leurs chrysalides.

Des médicamentations spécifiques ont été étudiées et mises au point pour permettre à ces chenilles de se transformer en papillons. Elles ont été classées en fonction de leurs syndromes.

Voici donc le premier psychotype :

1/ LE MANQUE DE CONFIANCE ET D'ESTIME DE SOI :

Le professeur a nommé cette chenille, ***la « Pasurdelle» :***

Il s'avére que celle-ci avait manqué de valorisation de la part de ses parents et surtout de la part de son père. Ainsi elle ne s'accorde pas grande valeur et souffre d'un manque de confiance et d'estime de soi. Elle est souvent attaquée par les saboteurs et s'entend dire : « *je ne vais pas y arriver, ce n'est pas pour moi, je ne suis pas capable, à quoi bon essayer, etc…* ». Toute sa vie cette chenille est capable de courir après cette reconnaissance, même après une réussite notoire.

Cette chenille peut attendre toute sa vie que le père lui dise enfin : « je suis fier de toi ! ».

Soyons ici précis, il ne suffit pas de croire, mais de se rappeler le jour et le moment où le père aurait dit cette phrase. Si vous l'avez entendue et reçue, vous pouvez vous rappelez très précisément l'endroit où cela a été dit et comment votre père était habillé, toute notre vie vous vous souviendrez de ses yeux. C'est un regard qui permettra plus tard d'arrêter de courir après cette reconnaissance.

Remède, médication, potion, antidote :

le reprogramus positivus consiste à un traitement de reprogrammation à l'opposé des saboteurs dont est atteint La Passurdelle. Par exemple lorsque La Passurdelle est attaquée par les saboteurs du type « t'en es pas capable » ou « je suis nulle » ou encore «je ne vais pas y arriver », elle peut se répéter régulièrement les saboteurs inversés suivants : bien sûr j'arriverai à tout ce que j'entreprends, je mérite tout ce qui se présente à moi, je suis très capable, j'essaie car c'est ma seule façon d'y arriver et peu importe le résultat, etc.

L'autre outil qu'utilise le professeur est d'obliger cette chenille à se trouver dix qualités et à se les répéter par cœur tous les jours. Pour ceci, il lui demande d'installer dans sa salle de bain un post-it mémo avec ses dix qualités dans l'ordre et de se les répéter tous les matins sur six mois sans regarder ce post-it.

2/ EXTREME EXIGENCE :

La deuxième chenille a deux noms,
la ***« Jamé assé bien pourmoa »,***
ou ***« plutonepaziallé quedesouffriranouvo » :***

Elle a développé une sorte d'extrême exigence, pour ne jamais trouver l'autre assez bien. Cela lui permet de ne jamais s'engager.

Derrière ce stratagème se cache une peur terrible, celle de souffrir comme elle a déjà souffert. En mettant ce mode de fonctionnement en place cette chenille se protége et bien sûr, se met à l'abri d'une nouvelle souffrance, mais s'interdit d'aller dans une relation et retourne de façon récurrente dans sa solitude, et souffre encore : un cercle vicieux. Ce n'est pas faute de vivre des relations éphémères, ce peut être des collectionneuse de partenaires, mais dès que la relation devient quelque peu « sérieuse », la chenille trouve toutes les raisons du monde, même les plus insignifiantes, pour mettre fin à la relation.

Remède, médication, potion, antidote :
le sécurita intensivus.

Cette stratégie est un leurre car cela ne permet jamais à la chenille de réaliser sa chrysalide et chaque fois, elle retourne dans sa souffrance : la solitude.

Le professeur enseigne donc à cette chenille un processus de sécurisation ***le sécurita intensivus,*** en lien avec le dialogue de l'enfant intérieur.

Ainsi sécurisée, la chenille peut à son rythme lâcher sur son exigence, ne plus stresser dès que la relation devient sérieuse, elle peut commencer à ouvrir doucement la porte, de façon qu'elle se rende compte que l'autre ne lui veut aucun mal, et que de toute façon, même si l'autre l'abandonne ou la trahit à nouveau, elle saura immédiatement se sécuriser et donc, ne plus jamais souffrir comme elle a souffert par le passé. Sa seule garantie est la sécurisation, et celle-ci doit être immédiate et intensive pour être efficace.

A la page 150 d'un livre qui s'appelle : LIBRE ET HEUREUX, L'ENVOL !, vous y trouverez la très célèbre technique de sécurisation issue de nos recherches.

3/ MANQUE DE CHALEUR ET REFUS DE CONTACT :

Le professeur a nommé la troisième chenille, la ***« pasressu pasvouloir » :***

Le syndrome évident de cette troisième chenille est le manque de chaleur et le refus de contact.

Le professeur avait observé que cette chenille a manqué de chaleur et de contact principalement avec sa mère, et que même si son père a quelque peu compensé, le manque avec la mère a créé un refus chez la chenille qui persiste à ce jour. Ceci conforte une évidence :

« l'on refuse, ce que l'on n'a pas eu ! ».

Cette chenille peut s'interdire, inconsciemment et malgré elle, tout contact ou toute chaleur, alors même que cela fait parti de ses manques principaux : un paradoxe. Et pour certaines d'elles à l'extrême, tout contact ou chaleur peut même créer des réactions de répulsion. Certaines d'entre elles peuvent même avoir envie de vomir en pensant au mot « je t'aime », leur besoin fondamental !

Remède, médication, potion, antidote :

Le seforcer é seforcer.

Le professeur a imaginé un training intensif durant lequel cette chenille doit chaque jour apprendre à son rythme à se forcer un peu plus. Puisque ce n'est pas naturel, puisqu'elle n'a pas reçu ceci, elle doit arrêter de l'attendre de quiconque et elle doit se le donner.

Pour cela la seule voie que préconise le professeur est de se forcer, d'ouvrir un peu plus la porte chaque jour et ainsi de commencer à goûter à ce que jadis cette même chenille refusait.
Avec le temps, le plaisir peut réapparaître et la porte s'ouvrir tous les jours un peu plus, pour plus de chaleur et plus de contact.

4/ DIFFICULTÉS A SENTIR, SAVOIR, CHOISIR, S'AFFIRMER, OSER, SE POSITIONNER.

La quatrième chenille est désignée sous trois appellations :

la *« vérouyons plutoquedesouffrir »*
la *« pasavoir papouvoir »*
ou la « cascadus infernalus » :

Elle souffre d'une **difficulté ou impossibilité à sentir, choisir, s'affirmer, oser, et se positionner.** Elle a mis en place une cuirasse pour éviter de souffrir. Celle-ci, peut être efficace mais a une contrepartie conséquente, elle l'empêche de sentir, et donc par conséquence immédiate, de savoir ce qui est bon ou pas pour elle, et encore en cascade de ne pas pouvoir : choisir, dire, faire, s'affirmer, d'oser et donc de se positionner. Les conséquences sont donc multiples et souvent ce type de chenille donne aux autres le pouvoir de décider à sa place.

Remède, médication, potion, antidote :
fractura plomba chapa y daborsavoir.
Il consiste à prendre conscience du leurre de cette cuirasse, d'accepter que le stratagème mis en place comporte des contreparties très handicapantes pour la chrysalide. Une fois ce constat établi, il devient alors possible à la chenille de fracturer sa chape de plomb pour oser sentir, que ce soit le bon ou le pas bon d'ailleurs.

Alors il devient possible de choisir, et le savoir devient la porte d'entrée au nouveau monde, celui des papillons.

5/ DIFFICULTÉS OU IMPOSSIBILITÉ DE PASSER À L'ACTION

Cette cinquième chenille a été appelée,
la ***« pasgrandi restépeuti pouravoir amourpapamama » :***

Sa difficulté principale est de passer à l'action : faire en temps et en heure. Cela va des fois jusqu'à la paralysie en passant par la procrastination, elle a une faculté à toujours demander et souvent à s'infantiliser. Elle trouve tous les prétextes du monde pour remettre à demain ou ne pas faire. Souvent elle peut transférer inconsciemment ses parents sur le conjoint dans une forte proportion. En principe dans un couple, il y a toujours deux types de rapports : un rapport homme/femme et un rapport enfant/papa-maman. Si la proportion est de 70%/30%, la libido du couple sera stimulée, si ce rapport est inversé, l'un des deux du couple risque souvent d'attendre que l'autre fasse à sa place.

Quelques un des saboteurs favoris de cette chenille pouvent être : 1/ le « oui mais... », (ces deux mots qui tuent la relation, nient les dires de l'autre, lui font croire qu'il est entendu mais qu'aussitôt le « oui mais... » nie.) ; 2/ le silence : ne rien dire, attendre ; 3/ l'absence : ne rien faire, attendre, être là sans être là ; et bien d'autres. Tout est bon pour ne pas faire.

Cette chenille croit inconsciemment qu'en ne faisant pas ce qu'elle doit faire pour elle, elle pourra enfin recevoir l'amour qui lui a tant manqué de ses parents, qu'ils soient vivants ou morts. Cette attente d'être aimé/e est inconsciente, et ne peut se résoudre par l'amour de qui que ce soit. Maintenant que cette chenille est grande, elle seule peut se donner ce qui lui a manqué. Cette attente inconsciente est un grand leurre.

En d'autres termes, cette chenille croit qu'en ne faisant pas pour elle, qu'en ne « grandissant » pas, elle recevra enfin cet amour. Certaines chenilles resteront dans cet état toute leur vie !

Remède, médication, potion, antidote :

le professeur nourrit ces chenilles avec la potion ***stopi leura y actualita responsabilus.***

Elle permet à celle-ci de lâcher cette croyance inconsciente et de commencer à se mettre en action avec comme mot d'ordre : zéro tolérance pour ne pas faire !

Quand les chenilles sont en couple, cela a immédiatement une belle incidence car cela propulse le couple dans un rapport mâle/femelle et les sort du rapport enfants/parents. La chenille sort de son infantilisation pour se présenter dans son adulte face à l'autre.

Ce qui se joue aussi, c'est l'impossibilité à cette chenille de quitter ses parents et de prendre de la distance, même lorsqu'elle est âgée, et même parfois lorsque les parents sont morts. On voit bien ici l'adhérence forte de ce contrat qui est : « pour ne pas te quitter papa maman, je ne grandirai pas. »

C'est un syndrome très résistant et la potion doit être administrée sur une très longue durée.

6/ DEVOIR, CULPABILITÉ, DIFFICULTÉ A SE FAIRE PLAISIR ET PRENDRE DU TEMPS POUR SOI,

Cette sixième chenille s'appelle :

« quedevoir y culpa etcétera ».

Sa particularité est de travailler, travailler, travailler. Il n'y a pas d'autre issue pour elle. Comme si c'était inscrit dans son ADN. Ce sont les chenilles du « devoir », cousines germaines des fourmis. Bien sûr derrière cette façade, se cache l'attente de la valorisation du père, sa reconnaissance et nous pouvons ajouter aussi celle de la mère. Alors la chenille a fait de son travail, sa béquille pour être aimée. C'est sa façon à elle d'être vue et reconnue. Ce peut-être un interdit donné par les parents qui répétera à longueur de temps : « le plus important dans la vie c'est le travail, c'est d'avoir un bon métier, c'est de bien gagner sa vie ». Alors il sera impossible à la chenille de transgresser cet interdit qui a été semé. Car si elle le transgresse, elle prend le risque de ne plus être aimée de ses parents, même quand ses parents sont décédés. Nous avons bien compris que ce n'est pas dans le conscient que cela se passe, même si nous pouvons sentir le poids de l'obligation.

Cela peut être aussi une béquille créée de toutes pièces par ladite chenille. C'est ce que nous appelons un contrat et cela pourrait ressembler à : « je vais te prouver ce dont je suis capable ». Là aussi, cela peut durer toute une vie.

Cette obligation à travailler pour être aimé/e, peut interdire tout ce qui peut écarter la chenille du travail, comme : les plaisirs, les vacances, les loisirs, etc.

Bien sûr tout cela ne se prend pas à la lettre, mais c'est toujours compliqué à ce type de chenille de s'offrir un temps pour soi ou par exemple, d'oser ne rien faire.
L'autre côté inévitable du devoir, c'est la culpabilité. Chaque fois que cette chenille fait un écart de sa seule voie pour être aimée, elle peut culpabiliser. C'est un grand classique, le devoir induit la culpabilité.
L'ennui c'est qu'une victime n'est jamais coupable et cette chenille-là a été victime du formatage intensif des parents qui ont créé l'interdit ou de son auto formatage à tort pour espérer être aimée d'eux. C'est comme si elle avait un seul contrat, objectif ou possibilité : pour être aimé/e, elle doit travailler.
Souvent, les mots comme : parole donnée, droiture, respect, engagement, rationalité, ponctualité, organisation, etc, résonnent fort auprès de ces chenilles-là.
Remède, médication, potion, antidote :
transgressa ledevoir y chassaculpabilita est l'antidote.
Il faut transgresser : comprendre, intégrer, et décider de choisir de vivre plutôt que de travailler. Cela évitera à cette chenille-là de passer à côté de sa vie, de passer à côté de l'essentiel. Deux objectifs pointent à l'horizon : trouver du temps et se faire plaisir. Presque deux blasphèmes !
Et bien sûr par-dessus tout ceci, il faut chasser avec force toute culpabilité, en utilisant notamment la technique d'éradication des saboteurs du dialogue avec l'enfant intérieur.

7/ FAIRE PASSER LES AUTRES AVANT SOI

« rienvaloir y existé atravers lautra » est sa désignation. Elle est assez répandue, c'est une chenille qui ne sait pas faire autrement que de faire passer les autres avant elle. Elle utilise donc cette béquille pour être aimé/e. C'est une béquille plutôt efficace et surtout très résistante. Le mot favori de cette chenille : « comme tu veux » ou « si tu veux ». Rien que de le dire des frissons parcourent ma colonne vertébrale, tellement c'est une horreur d'entendre ceci. Cette chenille en fait n'existe pas par elle-même, elle n'existe que par l'attention qu'elle porte aux autres. Elle est aussi victime de ne jamais avoir été vue par ses parents et notamment par son père. Alors c'est l'autre par l'attention qu'il lui portera, qui peut lui donner toute sa valeur. Ce sont souvent des chenilles que l'on retrouve dans l'accompagnement aux personnes, le caritatif, tous ces endroits où l'on peut être dans le don de soi. Ce qui est tout à fait noble, si l'on écarte le fait que derrière se cache une nécessité, celle de faire passer l'autre avant soi pour être aimé/e jusqu'à parfois s'oublier, voire même disparaître.

C'est bien sûr une chenille qui ne se donne pas grande valeur elle-même, et d'ailleurs il y a de grandes chances, que ses parents non plus, ne lui en aient pas donné.

Ce sont souvent des chenilles très copines avec la chenille précédente, celle du devoir.

Ensemble : travailler et faire passer les autres avant, font bon ménage et font deux belles béquilles.

Remède, médication, potion, antidote : là, il va falloir utiliser un « remède de cheval ».
La posologie est : ***meforcé y memontrer !***
Oui, lorsque quelque chose n'est pas naturel, il faut se forcer. Et cela va être le cas, si l'on veut bien sûr changer rapidement les choses. Sinon forcément avec le temps, des transformations feront naturellement leur chemin et c'est tant mieux pour cette chenille. Mais, avec une chenille un peu plus gourmande qui souhaite se déconditionner plus vite, on doit faire appel à une posologie plus radicale.
L'invitation et de se forcer et de se montrer par tous les moyens, en commençant par le physique, par l'apparence: coiffure, lunettes, vêtements, sous-vêtements, etc. Je vous rappelle que ce sont souvent des chenilles que l'on ne voit pas dans un groupe car plutôt transparentes, voire invisibles. La chrysalide se réalisera en prenant plus de place, par la parole, le mouvement, la danse, les initiatives. Le travail consiste à en faire chaque jour un peu plus sans jamais relâcher, sans jamais se décourager. C'est un travail de fond et il n'y a pas d'autre voie que de se forcer si l'on souhaite un changement rapide. Mais dès qu'elle mesurera les premiers résultats alors elle y trouvera un plaisir certain. Et d'ailleurs les gens autour d'elle le lui diront.

8/ DÉPENDANCE AFFECTIVE

La chenille qui suit est la plus résistante de toutes, elle a un nom symptomatique, elle s'appelle,
la « mendiantaé fulguranta ultrarésistanssia » :

Il y a de grandes chances pour que cette chenille n'ait jamais été vue par ses parents et la déflagration a été fatale. A ses yeux, elle ne vaut rien, ou peu de chose et a donné à l'autre le pouvoir de lui donner quelque valeur. Elle ne peut trouver sa valeur que dans les yeux de l'autre. Son saboteur préféré est : « je suis nulle ». L'inconvénient est qu'elle va donner le pouvoir à l'autre de son bonheur ou de son malheur, et aussi suivant son niveau de dépendance, elle ne va quasiment pas exister.
Il n'y a rien de plus douloureux qu'une chenille ***« mendiantaé fulguranta ultrarésistanssia »*** en crise de séparation. Son monde s'effondre, et plus rien n'a de sens. C'est souvent le déclic pour démarrer une dépression profonde, voire pour ne plus souhaiter vivre. Cela nous montre qu'elle a démissionné de toute sa consistance. Elle a confié à l'autre : sa raison d'être.

Remède, médication, potion, antidote :
le professeur envoie ce type de chenille en stage intensif de pâtisserie. L'objectif est que cette chenille apprenne à devenir un gâteau à la place de la cerise qu'elle était. Être « la priorité des priorités » s'apprend.

S'aimer s'apprend. Et ce sera l'objectif de ce type de stage : apprendre à devenir le gâteau, se nourrir par soi-même et ne demander à personne de la nourrir à sa place. Alors en s'aimant, elle deviendra le gâteau et l'autre la cerise, elle remettra les choses à leur place et elle ne donnera plus à l'autre le pouvoir de son bonheur ou de son malheur.

Le signe majeur de guérison sera de ne plus avoir besoin de l'autre, la dépendance affective sera éradiquée. Encore que l'on peut se trouver très démuni dans cet état de « gâteau », d'autonomie et remettre en cause par erreur totale le sens de la relation. C'est tout le paradoxe qui peut faire naître un profond trouble. Pourtant le meilleur reste à venir : aimer et accepter l'autre pour ce qu'il est avec sa différence et non pour ce qu'il compensait.

Éradiquer la dépendance affective, la chasser ou plutôt la pourchasser, est une remise en cause très profonde et confrontante, mais que peut-on proposer à ce type de chenille : « mourir » ou devenir papillon.

9/ SUBIR, SOUMISSION, HUMILIATION, MALTRAITANCE :

Le professeur a désigné ces chenilles les, **« obligédabord obligétoujours » :**

Ce sont des chenilles victimes par excellence, elles n'ont rien demandé au monde et ont tout de suite été contraintes à subir. Certainement que leurs parents ont aussi hérité de dysfonctionnements transgénérationnels. Mais on va maintenant porter toute notre attention sur elles, plutôt que sur leurs parents.

Ce type de chenille doit enregistrer ceci :

1/ Elles sont d'abord victimes ! Elles ne sont coupables de rien, c'est une profonde injustice à laquelle il est temps de mettre un terme. Elles ont été obligées de subir car elles n'avaient pas le choix, quelquefois elles ont même confondu ceci avec l'amour. Leur histoire a été leur seule référence et maintenant, il faut la déconstruire pour la rebâtir.

Il va y avoir plusieurs freins à cette chrysalide.

2 / Le premier sera une sorte de résistance inconscience transgénérationnelle que l'on pourra désactiver avec les dénonciations du « processus de déconditionnement du papillon » ;

3/ le deuxième frein sera que l'humiliation se nourrit par l'humiliation, alors une fois le décryptage de sa construction établie, de son historique, il leur sera possible de rompre cette spirale infernale. Une sorte d'autodestruction autoalimentée et persistante.

4/ le troisième sera la sous-estimation de leur ressenti, leur tendance sera toujours de minimiser les faits, tant elles auraient souhaité avoir eu des parents meilleurs. Elles sont capables de très gros dénis. Je vous rappelle que les enfants qui ont le plus de mal à se séparer de leurs parents sont les enfants qui ont été le plus maltraités.

5/ Ces chenilles devront aussi enregistrer que si elles ont été obligées de subir dans leur petite histoire, maintenant qu'elles sont grandes, elles ne sont plus obligées de rester dans cette même dynamique, elles sont libres et ont le pouvoir de ne plus subir. Ces chenilles doivent enregistrer qu'elles peuvent s'aimer par elles-mêmes et personne d'autre. L'amour du conjoint si il y a, ne compensera pas les manques de l'histoire et de ses parents.

6/ Les cartes en main, elles ont le choix de leur vie, c'est maintenant de leur entière responsabilité. Cela ne dépend plus de quiconque et elles vont devoir choisir : continuer à mourir en subissant, ou commencer à vivre en se choisissant tous les jours un peu plus !

Remède, médication, potion, antidote : le professeur utilise l'antidote : ***dabormoi y zérotoleranssus.***

Il consiste à appliquer le « zéro tolérance » : ne plus jamais subir. Cela demande d'abord de détecter les endroits où la chenille subit, au cas où il y aurait quelquefois des situations un peu ambiguës.

Ce constat fait, la chenille doit trouver l'énergie, la force, la détermination pour renaître et chasser tous travers ou récidive de l'ancien. Elle y sera aidée par la désactivation des dénonciations du processus de déconditionnement du papillon.

Elle pourra utiliser la phrase magique : « avant de faire quelque chose pour l'autre, je vérifie que ce soit bon pour moi. »

Elle devra se poser la question plusieurs fois par jour et être dans un premier temps intransigeante. L'enjeu étant sa survie.

Forcément pour répondre à cette question, elle aura dû trouver son guide, son ressenti, son enfant intérieur, ce qui risque d'être un peu difficile étant donné combien par le passé, elle a pu renier cette partie d'elle. Mais cette dernière ne demande qu'à parler, elle attend ceci depuis longtemps et ne souhaite qu'une chose : qu'enfin elle s'occupe d'elle. Alors je vous le dis, elle sera prête à vous pardonner pour la renaissance qui s'annonce.

Comme nous le verrons plus tard, bien sûr dans un couple, il est possible de faire un cadeau à l'autre en faisant quelque chose qui n'est pas forcément bon pour soi, mais qui peut être fait en cadeau pour lui faire plaisir et à condition toutefois que ce soit exceptionnel.

10/ DEPRESSION ET BURN OUT :

Le professeur constata que l'adaptation des chenilles pour être aimées causait chez elles un décalage entre ce qu'elles étaient devenues et ce qu'elles étaient fondamentalement. Forcément quand ce décalage est trop élevé, il crée chez elles, un mal-être qui peut aller jusqu'à la maladie ou la dépression, le burnout.

Dans un organisme en bonne santé, les moments de baisse de régime ou de moral se régulent d'eux-mêmes comme par magie. C'est quand cette régulation automatique ne marche plus que nous pouvons parler de dépression ou de burnout.

Ces chenilles sont appelées les ***« tropcétrop »***.

Elles ont deux spécificités : d'abord ne pas sentir que leur moral baisse jusqu'à ne plus pouvoir réguler, jusqu'à perdre la joie, et ensuite elles vont se faire aider seulement quand leur mal-être ne sera plus supportable.

Dans le milieu de l'entreprise cela s'appelle le burnout, un terme peut être plus élégant mais qui n'est ni plus ni moins qu'une dépression caractérisée par une baisse de moral et une grande fatigue.

Remède, médication, potion, antidote : cela se fera en quatre temps :

1/ d'abord arrêter la spirale infernale, se mettre au repos, au calme,

2/ Le deuxième temps sera de se faire aider, plutôt par un thérapeute psychocorporel car cela va accélérer les résultats.

Il peut vous aider à relancer votre régulation par des stimulations corporelles comme le péristaltisme qui est en Psychologie Biodynamique : la digestion des émotions. Il est très important de ne pas banaliser la dépression, de croire que cela va s'arranger tout seul si cela ne s'est pas déjà produit. Il faut oser demander de l'aide, la guérison de la dépression est un travail de reconquête de soi.
3/ Par la thérapie, ou via le dialogue avec l'enfant intérieur, il va falloir retrouver sa source, son enfant intérieur, son guide, son ressenti. Si cela fait longtemps que vous l'avez abandonné, cela risque d'être un peu plus compliqué et cela prendra plus de temps. Mais de toute façon nous n'avons pas le choix, nous devons retrouver notre source. C'est elle qui nous dira ce qui est bon ou pas pour nous, c'est elle qui nous permettra de recontacter notre joie.
4/ Enfin, nous devrons être très attentif à toutes les minutes qui passent pour apprendre à aller vers ce qui est bon pour nous. Nous devons faire de l'instant présent notre seule vérité, c'est un véritable apprentissage. L'idée n'est pas ici de s'inscrire dans des projets à long terme mais de travailler l'instant et cela s'apprend ; alors patience et chaque minute qui passera contribuera à cette reconquête. Pour cela, le professeur préconise trois gouttes toutes les 5 minutes du fameux élixir : ***«keskiébonpourmoila toudesuit ».***

11/ AUTODESTRUCTION ET ADDICTIONS : TABAC, ALCOOL, JEUX, DROGUES, ETC.

Quand le décalage entre notre essence et notre adaptation pour être aimé/e, ce que nous sommes devenus, est trop grand, certaines chenilles vont avoir besoin de compenser.
Le professeur a appelé ces chenilles, les
« persista béquilla grann leurra »
Elles ont la particularité de compenser leurs manques, leurs désespoirs, leurs tristesses, par des leurres, par des béquilles. Alors elles commencent par fumer, puis vont aller sur quelque chose d'un peu plus dur et ainsi en crescendo. C'est un leurre car cela ne va rien solutionner à leur mal-être. Celui-ci sera uniquement solutionné en pourvoyant elle-même à leurs besoins, leurs désirs et sans plus jamais l'attendre de quiconque. J'espère que vous commencez à enregistrer les leçons du professeur, car son discours commence à être très redondant. Mais les mots doivent être dits jusqu'à ce qu'ils soient entendus.

Remède, médication, potion, antidote : le professeur préconise une décoction régulière de
« jemechoizi chaque minutus ».
Cette décoction a le pouvoir de changer la façon dont la chenille voit les choses. Plutôt que de se dire : je mérite bien une petite cigarette ou un verre d'alcool ou plus… ; alors même qu'elle connait pertinemment la nocivité de toutes ces addictions, elle va chercher et trouver la force d'arrêter son autodestruction en

utilisant une autre phrase magique qui dans ce cas-là est : « je me choisis, je m'aime ! »
Ainsi stopper son addition, sa béquille n'est plus une punition mais peut devenir une mutation, une chrysalide, une opportunité de devenir papillon.
Bien sûr ce n'est pas facile, car il faut d'abord reconnaître ses manques, les traiter, et ensuite être sans concession sur ces béquilles. Le mot d'ordre est bien sûr : zéro tolérance ! Sinon la chenille tient avec elle un double discours : d'un côté, je veux m'en sortir et d'un autre, je m'autodétruis. C'est incompatible !
Quelquefois certaines chenilles doivent aller au fond du fond pour rebondir, comme les chenilles suivantes, mais certaines peuvent chemin faisant trouver un jour la force et le déclic pour arrêter toutes béquilles.

12/ AUTODESTRUCTION PROFONDE

Ces chenilles sont les grandes sœurs des précédentes, mais ont été attaquées plus profondément.

Quand une chenille n'a vraiment été pas vue, qu'elle n'arrive pas à se donner de valeur, et qu'en plus, le conjoint n'arrive pas non plus à compenser, ou qu'elle se trouve particulièrement seule dans sa vie, il se peut que celle-ci entre d'abord en dépression puis ensuite dans un processus d'autodestruction profond. En effet, quel sens pourrait avoir la vie sans l'envie de vivre. Le professeur a appelé cette chenille :

la «absolumanrienvaloir y autandisparaitra »

Cette chenille est une version renforcée de la précédente. Elle a été humiliée et peut continuer à s'humilier. Dans ce cercle vicieux, il peut arriver un moment où elle ne trouve plus d'éclaircie, et sa seule conclusion deviendra : autant disparaitre.

Remède, médication, potion, antidote : elle trouvera son salut dans le remède :

Es demi responsabilita stopus spirali infernali

Tout n'est qu'une question de temps, car le naturel profond de la chenille est de devenir papillon. Alors une fois qu'elle aura compris et accepté son état des lieux, le processus de son histoire, elle pourra rebondir pour des jours plus heureux. Faudra-t-il encore qu'elle arrête d'espérer que quelqu'un la sorte de là.

Il est de sa seule responsabilité de faire ce qu'il faut pour s'interdire toute autre humiliation, toute autre destruction, et s'engager dans un processus pour s'aimer, et ne dépendre plus de quiconque.

Bien sûr un thérapeute corporel lui sera d'une grande utilité.

13/ PEURS ET ANGOISSES

L'avant-dernier psychotype des chenilles du professeur s'appelle ***« seulomonda y insécurita »***

Elles développent des peurs, que ce soit à partir de traumas connus ou inconnus, qui handicapent leur vies jusqu'à quelquefois se transformer en angoisses, avec tout leur côté oppressant et sans que l'on puisse en identifier la cause.

Ces chenilles peuvent se croire dans ces moments-là seules au monde. C'était absolument faux, encore faut-il qu'elles le sachent et puissent se sécuriser, car là est la chrysalide. C'est un processus essentiel qui consiste à mettre immédiatement sa main sur son ventre et se parler à voix haute ou intérieure jusqu'à ce que les mots de la sécurisation soient entendus, c'est-à-dire jusqu'à l'apaisement ; et cela peut prendre du temps, de quelques minutes à une bonne demie heure. Et même si ce n'est pas suffisant, il faut y retourner et se parler à nouveau. C'est à ce prix que la chenille se mettra en sécurité, et ne restera pas pendant un temps seule au monde, avec le risque de revivre la souffrance d'un éventuel abandon, rejet ou autre. Seule une sécurisation forte et intense permettra de s'affranchir de ses peurs.

Pour des peurs précises qui ont un objectif matérialisé, une technique utilisée par le professeur, consiste à inviter la chenille à affronter ladite peur plutôt que de la chasser ou la fuir.

Il suffit de s'en rapprocher un peu, d'attendre et de sentir ce qui se passe, comme il ne se passera rien, se rapprocher encore, attendre à nouveau et sentir encore et ainsi de suite.

Alors la chenille constatera que sa peur n'était fondée sur rien, qu'il ne se passe rien. Comme si une sorte de fantôme venait l'attaquer sans aucun fondement et raison d'être. Par cette expérience la peur disparaitra instantanément et durablement.

14/ COLÈRE DEBORDANTE

Voici le dernier psychotype mis en lumière par le professeur et le collectif :

l'« érupta permananta volcana ».

Cette chenille a la particularité de ne pas maîtriser ses colères, et occasionne ainsi régulièrement des dommages collatéraux à tous ceux qui la côtoient que ce soit au quotidien ou occasionnellement.

La médication est simple, il suffit de prendre quotidiennement du ***« kéceque cela merapelle »*** à raison de cinq gouttes par jour et à vie. C'est à ce prix que la régulation se fera. La colère est une des deux sources de puissance et peut-être un précieux allié si on la maîtrise, et si on y a accès. Contrairement à notre construction qui a installé une chape de plomb pour ne plus sentir et ne plus souffrir, nous devons faire marche arrière, fracturer cette chape pour avoir accès à cette colère que nous pourrons mettre au service de la partie de nous qui fait et qui dit. Nous pouvons en faire une alliée pour nous défendre, pour nous positionner, pour ne plus jamais subir. Quand ce travail est accompli, nous savons que si nous avons besoin de cette colère, nous pourrons aller la chercher. Sinon nous serons esclaves de son bon vouloir.

Pour autant nous n'avons pas solutionné le problème de ces éruptions récurrentes qui peuvent empoisonner tout le monde et forcément celui ou celle qui les détient.

Il n'y a qu'une solution pour dissoudre ses colères :
il suffit de se poser la question :
cela me rappelle quoi dans mon histoire ?

Dés lors que vous aurez votre réponse, vous vous rendrez compte que ce qui vient de se passer n'a rien à voir avec la colère qui vient de sortir.
La disproportion entre ce qui vient de se passer et l'état dans lequel cela me met doit être un signe. La situation à l'origine de cette colère vient de réactiver ma blessure d'origine, souvent en connexion avec mon histoire, mon père ou ma mère. Alors le fait déclencheur de la situation ne fait ni plus ni moins que réactiver la vieille colère, cette souffrance qui avec le temps a constitué chez moi une sorte d'ADN. Je ne dois en retenir que le positif, cet allié pour m'affirmer et me défendre. Et je dois dissoudre le négatif, ces éruptions nocives qui me mettent dans des états excessifs, polluent ma relation à l'autre et m'empêchent de trouver une tranquillité. Je ne crois pas que les débordements de mes colère puisse un jour être éradiqués, mais par contre, je sais qu'en faisant chaque fois l'effort de savoir ce qu'ils me rappelle, je peux les dissoudre très rapidement, voire souvent instantanément. Je dois intégrer deux réflexes : le premier, c'est sortir immédiatement de la pièce dans laquelle je suis, afin de ne pas entrer dans une surenchère et l'imposer à l'autre ; et le deuxième, me rappeler ce qu'elle réveille.

Dans les faits, c'est souvent la même blessure et ce sera assez facile de l'identifier.

Le plus dur sera de se forcer à mettre en place ces deux réflexes.

Si vous vous engagez dans cette direction, vous en serez récompensés car vous verrez que toutes vos colères peuvent se dissoudre plutôt assez rapidement.

Chers visiteurs, vous venez de découvrir les résultats d'années de recherche de la nursery de « COUSSIBOULESPA KÉLATERRE SÉBOUTIOLE », nous vous remercions de votre attention et en sortant à gauche vous aurez quelques vitrines à travers lesquelles vous aurez peut-être la chance d'observer quelques éclosions.
Au grand plaisir de vous croiser à nouveau. »
Et Antoine de Tuttikouinti s'en alla comme il était venu.
Nous étions absolument stupéfaits de ces révélations et incapables de nous relever de nos chiliennes. Nous avions besoin d'un temps d'intégration indispensable. Nous mesurions l'importance des conclusions de ces recherches. Je m'étais retrouvé dans plusieurs de ces psychotypes, que ce soit en partie ou complètement, et il en était de même pour Camille. Notre seul regret était de ne pas avoir connu plus tôt les médications de ces chrysalides pour en avoir profité. Nous mesurions ainsi le chemin qu'il nous restait à parcourir pour en apercevoir la lumière. Nous comprenions alors combien celui-ci nécessitait d'appréhender les étapes les unes après les autres. Désormais nous n'étions plus dans la pénombre nous savions où aller.
Nous étions abasourdis de ces révélations et à la fois enthousiastes des perspectives qu'elles présageaient.

Nous sommes restés un instant sans voix, blottis dans nos chiliennes et ce n'est qu'un bon moment après que j'ai trouvé la force de prendre la main de Camille pour aller prendre l'air. Le soleil se couchait, un léger contre-jour traversait les grands arbres de cette immense cour intérieure, un léger vent courtisait les quelques papillons tardifs et aventuriers qui osaient chuchoter encore avec les derniers rayons de soleil. Il était temps de quitter la nursery et je ne sais pourquoi, même si aucun de ces papillons ne s'était approché de nous, nous n'étions pas tristes, nous étions plus confiants que jamais.

Je pris Camille par la main et nous reprîmes notre route pour nous poser sous un appentis de paille qui était venu à notre rencontre. Nous y passâmes la nuit, bouleversés par l'incroyable quantité d'informations que nous venions de recevoir. Nous regrettions que ces travaux ne soient pas enseignés à l'école.

Le lendemain matin, nous sommes réveillés par une course-poursuite de rossignols à gorge rouge. Nous regardons intensément ce magnifique spectacle avant de nous décider de reprendre la route. Nous ne savons plus vraiment où nous allons, mais nous continuons à avancer.

Je ne suis plus sûr d'ailleurs de savoir ce que nous cherchons, tellement nous avons déjà reçu.

Nous continuons de suivre les pancartes :
« c'est par là ».

Nous tombons sur une pancarte différente des autres, il y est écrit : **« vous allez savoir tout ce que vous avez toujours voulu savoir ! »**
Je ne sais plus si nous sommes capables d'assimiler ces mots tant la récolte est abondante.
Toujours un peu sonnés de la veille, nous poursuivons dans ce chemin et apercevons au loin à travers les arbres un immense dôme tout blanc. Nous nous avançons et nous arrivons devant une immense clairière avec en plein milieu, cet immense dôme, magistral et très ancré.
Quelques personnes se dirigent comme nous vers l'entrée, sans qu'on les ait croisées sur notre chemin. Nous ne savons pas vraiment d'où elles viennent et d'ailleurs, cela n'a pas grande importance.
Nous nous rapprochons de l'entrée et sur le fronton de celle-ci est écrit : **ÉTAPE 7 « CLARIFIER !**
LE GRAND DÔME AUX RÉPONSES :
POSE TES QUESTIONS ! »
Personne ne nous accueille, l'entrée est libre, et nous pénétrons dans un immense dôme tout blanc. Le plafond est totalement recouvert de ballons blancs. Il y en a des centaines. Ce sont eux qui éclairent l'espace d'une douce lumière soutenue et chaude.
Ce dôme est immense et doit bien faire… oui, il fait bien ça. Il y a au centre une zone remplie de

magnifiques et grands cristaux à travers lesquels se reflète la lumière des ballons. Autour de ce centre démarre une spirale de fauteuils rouges de méditation posés à même le sol sur des tapis orientaux.
Nous comprenons rapidement comment cela se passe, il y a des temps de silence puis une personne se lève ; si une autre se lève en même temps la deuxième se rassoit ; et quand la première personne est seule et debout, alors elle pose sa question et une voix lui répond. Ainsi de suite toute la journée. Ne me demandez pas qui parle, nous n'en savons rien et au point où nous en sommes de cette incroyable aventure, nous n'avons même plus envie de savoir qui parle. Nous sommes là juste pour apprendre.
Nous comprenons pourquoi il était écrit : « vous allez savoir tout ce que vous avez toujours voulu savoir ! »

Nous avons passé huit jours dans le dôme aux réponses. Nous y revenions tous les matins jusqu'à point d'heure le soir, tellement ce que nous y apprenions était nourrissant, réparateur, guérisseur.

Nous allons vous livrer ici les réponses du dôme que nous avons classées en thèmes.

Vous risquez d'entendre plusieurs fois les mêmes mots, nous avons retenu qu'ils doivent être dits jusqu'à ce qu'ils soient entendus ! Alors vous allez certainement trouver dans ces réponses de nombreuses redondances. Ce n'est que par la répétition que les mots se retiendront.

1/ VALORISATION et PLACE

Comment me sentir sûr/e de moi ?

Pourquoi je n'arrive pas à me faire confiance même quand je suis capable ?

Comment retrouver la confiance, le soleil, la flamme et le sourire ?

Pourquoi je ne me fais pas confiance ?

Comment me faire confiance ?

Ce que l'on ne nous a pas donné, nous devons le trouver. La valorisation, la confiance, l'estime de soi est principalement donnée par le père. Je ne dis pas que la mère ne peut pas aussi apporter ceci à l'enfant, mais c'est le père qui pourvoira le plus à cette capacité.

C'est par la valorisation, le regard du père que l'enfant va trouver sa confiance. Sentir concrètement la fierté du père équivaut à recevoir un passeport dans sa vie pour voyager, pour croire en soi. Pour tout un tas de raisons, cette valorisation fait souvent défaut. Chacun doit alors la trouver et se l'offrir. Nous allons devoir nous dire et redire nos qualités jusqu'à les intégrer et les enregistrer de façon définitive.

Certains d'entre nous vont inconsciemment courir après cette valorisation toute leur vie sans jamais s'arrêter. Ils ne sauront d'ailleurs pas vraiment pourquoi ils courent. Et même s'ils ont réussi, principalement professionnellement, ils continueront à courir. Un temps venu, le seul échappatoire pourrait être de se poser la question : je veux prouver quoi à qui ? Et lorsque nous trouverons la réponse, il sera possible que nous arrêtions de courir, nous trouverons cette confiance, cette estime de soi nécessaire parce que nous nous la serons offerte.

Comment trouver et prendre pleinement ma place ? Comment faire pour me sentir légitime à ma place ? Pourquoi je ne me sens parfois pas à ma place, ni à la hauteur, trop ceci ou pas assez cela?

Une des premières conséquences de ce manque de valorisation sera de ne pas croire en nous, en nos capacités, en nos compétences, en notre valeur. Alors si nous n'avons pas de valeur, il va être difficile d'avoir une place, de trouver notre place. Bien sûr tout ceci n'est pas blanc ou noir, nous allons avoir un curseur à déplacer afin de trouver plus ou moins facilement notre place. Et d'ailleurs, il n'est pas vraiment question de la trouver, il est plutôt question de se la donner, ce n'est pas la même chose. En étant déterminé, volontaire et en croyant en nous, nous pourrons y remédier. Il est fondamental de prendre conscience que personne ne le fera à notre place. Nous ne pouvons pas attendre de notre conjoint ce que notre père ne nous a pas donné. Il ne pourra nous l'offrir. C'est une mission impossible pour lui car ce n'est pas de lui en fait, inconsciemment que nous l'attendons.

Nous seuls pouvons donc nous l'offrir !

Pourquoi je ne sais pas parler, échanger, partager mes idées, comme si c'était sans valeur ou trop compliqué à faire comprendre ?

Suivant le niveau de mon manque de valorisation, je serai plus ou moins attaqué par mes saboteurs. Ces petites voix négatives récurrentes dont le seul but est de m'empêcher d'aller vers ce qui serait bon pour moi et de vivre ma vie. Alors je vais trouver toutes les raisons du monde de ne pas me sentir suffisamment capable et ne pas faire ce que j'ai à faire pour moi. Je peux être aussi victime de mes contrats inconscient et de ces fausses croyances que je me suis inculquées pour être aimé/e, mais aussi de mes interdits : critiques, réflexions que j'ai reçues durant toute ma petite enfance et qui sont devenues des conditions pour être aimé maintenant que je suis grand/e. Ce sont des leurres ! Le seul amour dont j'ai besoin, c'est le mien, et je peux être aimé/e comme je suis.

Pourquoi l'enfant de mon conjoint passe avant moi ?

D'abord cela doit me confronter à ma dépendance affective et à mon incapacité à me nourrir par moi-même, à m'aimer par moi-même.

Ensuite je vais devoir faire une distinction entre un enfant autonome et un enfant qui ne l'est pas. Si l'enfant ne l'est pas, l'adulte doit être très présent et pourra justifier une priorité. Si l'enfant est autonome, alors ce sera un positionnement de l'adulte à avoir face à son conjoint pour harmoniser le trio recomposé. Si le conjoint se sent rejeté, il vaut mieux qu'il aille regarder du côté de ses blessures, ce que ça lui rappelle et certainement il va trouver la raison de ce qui peut le blesser.

Pourquoi je ne termine jamais vraiment ce que je commence (2 formations où je n'ai pas rendu le travail écrit et donc non validées) ?

Cela pourrait ressembler à un contrat inconscient que l'on se serait donné de « ne pas grandir ». Ce pourrait être une façon d'espérer recevoir cet amour que je n'ai pas eu en me disant : « si je ne grandis pas, je pourrai enfin le recevoir». C'est assez fréquent et plutôt incompréhensible, mais c'est ainsi. Maintenant que je suis grand/e, la seule personne qui peut m'offrir tout ce qui m'a manqué, c'est moi et personne d'autre.

Ma seule façon pour réparer, c'est de m'aimer, de pourvoir à mes besoins tous les jours, d'aller vers ce qui est bon pour moi, de m'extraire de mon conditionnement.

2/ ENGAGEMENT EXIGENCE SECURISATION

Pourquoi je ne souhaite pas m'engager ?
Pourquoi je refuse de m'engager ?
Pourquoi est-ce que je ne rencontre pas un homme avec lequel vivre une relation harmonieuse ? => Qu'est-ce qui cloche chez moi ?
Pourquoi je n'arrive pas à nouer une relation avec les femmes/hommes qui m'attirent ?
Pourquoi suis-je seul/e depuis 3 ans ?

L'impossibilité de s'engager et le développement de l'exigence sont des grands classiques. Si j'ai souffert, une des premières façons que je vais mettre en place pour me protéger est de développer une très forte exigence par rapport à l'autre, et souvent à tous niveaux : physique, intellectuel et psychique. Concrètement, l'autre n'est jamais assez bien, il manque toujours quelque chose. Ainsi très rapidement la relation meurt.

En montant mon niveau d'exigence, j'ai la croyance de trier les partenaires pour espérer moins souffrir. C'est un leurre, une prison qui me renvoie à une solitude difficile et lourde, un cycle infernal sans fin.

Et comme ma priorité, c'est de ne pas souffrir, très souvent et inconsciemment, je vais m'empêcher de sentir, savoir, je vais m'interdire de m'avancer petit à petit dans une relation. Il faut que tout soit parfait, sinon je n'y vais pas ou je n'y reste pas.

Pour pouvoir m'engager, je dois absolument me sécuriser, c'est la condition sine qua non, c'est impératif. Pour ceci, il y a un travail très spécifique à faire qui se traite dans le dialogue avec l'enfant intérieur. Par ce dialogue, je vais me consoler comme le ferait une mère idéale, et je vais me défendre et faire ce qu'il faut comme le ferait un père idéal. Ainsi en étant mon parent idéal, si je revis un abandon, une trahison, une humiliation, un rejet ou une injustice, je pourrai intervenir tout de suite pour ne plus souffrir comme j'ai souffert par le passé. C'est à cette seule condition que je pourrai commencer à m'engager dans une relation et dans ma vie, seulement quand je serai capable de me sécuriser.

Je dois rompre le cycle infernal : souffrance, exigence, échec, solitude, souffrance.

Un autre aspect inconscient peut se jouer : si je ne m'engage pas, si « je ne grandis pas », je peux nourrir mon contrat inconscient de protéger mes parents en restant « leur enfant », en ne devenant pas l'homme d'une femme, ou la femme d'un homme. Comme ces contrats sont toujours inconscients, il n'est pas toujours facile de les déceler. Mais ils sont très persistants.

Et merci de ne pas confondre : s'engager et quitter ses parents. Ce n'est pas automatique, ce n'est pas lié. Certains pourront s'engager dans une relation sans pour autant quitter leurs parents, sans « grandir ». Il est fréquent qu'un transfert se fasse sur le conjoint, que le garçon quitte sa mère pour en trouver une autre, que la fille quitte son père pour en trouver un autre. Ainsi ni l'un, ni l'autre « ne grandiront » et resteront dans ce contrat de fidélité, et auront tendance à avoir une relation plutôt du type : petit garçon/mère ou petite fille/père. De nombreux couples fonctionnent très bien sur ce système sans s'en rendre compte, mais en principe ce type de relation ne nourrit pas trop la libido. Dans une relation de couple, bien sûr il y a toujours les deux relations : la relation homme/femme et la relation compensation de manque en étant le

« parent » du conjoint. Mon conseil serait qu'un équilibre existe, et que la proportion homme/femme soit toujours bien présente, cela devrait aider le couple à perdurer.

Comment s'engager sans se perdre ?

Comme je l'ai dit précédemment, le prérequis pour s'engager est la sécurisation. Une fois celle-ci établie, je peux m'avancer dans la relation, en vérifiant que je sois à l'écoute de mes besoins et de mes désirs. Cela nécessite une démarche qui est d'abord de m'aimer avant de m'engager à aimer quelqu'un. J'en reparlerai plus tard, mais dans l'immédiat, je peux garder en mémoire cette phrase : *« avant de faire quelque chose pour l'autre, je vérifie que c'est bon pour moi »*. Forcément cela nécessite une connaissance de soi et le dialogue avec l'enfant intérieur va nous y aider. En effet, seule notre petite voix deviendra notre guide : cette partie de nous qui ressent et sait ce qui est bon ou pas pour nous.

Je dois enregistrer que je peux être aimé/e comme je suis et que je ne suis pas obligé de faire quelque chose qui fasse plaisir à l'autre pour être aimé/e. Ce qui ne veut pas dire que je ne peux pas faire quelque chose pour l'autre ; mais si ce n'est pas mon choix, mon souhait, alors c'est un cadeau que je vais lui faire. Je vais d'abord le faire par amour et surtout à condition que ce soit exceptionnel, la réciprocité est essentielle. Ce ne peut pas être toujours le même qui fait plaisir à l'autre. Est-ce vous ou votre conjoint qui fait toujours plaisir à l'autre ?

Pourquoi cette anxiété constante de ne pas avoir assez pour vivre, quelles que soient les ressources matérielles acquises ?

La sensation d'insécurité est vraiment liée à notre blessure originelle : abandon, trahison, injustice… et plus exactement, à notre souffrance. Ainsi pour ne plus souffrir, je vais devoir me sécuriser, réguler sans cesse, être là pour moi et faire ce qu'il faut.

Cela va me demander une maintenance permanente, c'est un combat de longue haleine, c'est un chantier sans fin et s'il y a des chances de ne pas en voir le bout, la bonne nouvelle, c'est que je ne souffrirai plus jamais comme j'ai souffert. Mon seul travail est de me rassurer sans cesse. Avec le temps forcément cette sensation sera atténuée, jusqu'à peut-être disparaître. C'est en ce sens qu'elle n'est pas liée à mes ressources, à mon patrimoine ou à toute condition matérielle. Le protocole de sécurisation avec l'enfant intérieur sera l'outil majeur de ma sécurisation.

Pourquoi cette impression d'être si différent des autres personnes et de ne pas pouvoir se lier profondément ?

Pourquoi ai-je l'impression qu'il faut que je sois différente de ce que je suis, pour être aimée ?

Je peux me donner toutes les raisons du monde pour justifier de ne pas être aimé, mais je me leurre, le problème n'est pas là. J'ai tellement souffert qu'inconsciemment ou consciemment, je fais tout ce qu'il faut pour ne plus souffrir ; je vais mettre en place un tas de stratagèmes dont un des principaux est de développer une exigence aiguë qui va justifier mon non-engagement, mais je peux également fabriquer certaines croyances qui pourraient m'empêcher de m'engager. Derrière cette peur de souffrir à nouveau, je m'interdis de m'ouvrir à l'autre alors même que c'est un de mes vœux le plus cher.

Dans mes croyances, je peux induire très facilement que je suis trop différent/e, que personne n'arrivera à me comprendre, et alors à quoi bon essayer, et plutôt renoncer, entériner une sorte de fatalité. C'est un leurre, c'est faux, je peux être aimé/e comme je suis. Je dois juste l'enregistrer. J'ai ensuite besoin de deux choses, d'abord de temps et ensuite de savoir ce que je dois faire. Je dois me mettre à l'écoute de ma petite voix intérieure qui me dira ce dont j'ai besoin pour passer à l'action.

3/ SUBIR

Pourquoi je continue à subir ? Pourquoi est-on si démuni devant la violence verbale (et parfois physique) d'un concitoyen incivique ?
Pourquoi mon chemin de Vie a-t-il été si difficile ?
Qu'est-ce que j'ai fait pour mériter tout cela ?
Pourquoi ai-je subi tout cela ? Ou plutôt pourquoi ai-je accepté de subir dans ma vie ? Ou bien encore pourquoi ai-je laissé les gens me faire du mal et m'abîmer ?
Pourquoi tant de violence dans ma vie ?
Pourquoi ai-je attiré autant de manipulateurs ? Pourquoi mes parents m'ont martyrisée et battue au point d'en marquer ma chair ?
Pourquoi me suis-je moi-même maltraitée en reniant ma petite voix intérieure, mon enfant intérieur?

Je dois entendre ceci : **l'humiliation se nourrit de l'humiliation**. C'est comme un cycle infernal qui dépasse la compréhension, la conscience. Si dans ma petite enfance, je suis obligé de subir, je peux enregistrer ou croire que je dois payer, ou vivre tout cela pour être aimé/e.

D'abord je n'ai pas eu le choix, j'ai été trop petit pour dire « non », me rebeller et c'est ainsi que j'ai pu être humilié/e, maltraité/e, abusé/e.

Je vais soulever ici une partie qui m'échappe et qui s'appelle le transgénérationnel. J'ai la forte croyance qu'une personne qui subit est victime d'un héritage transgénérationnel et que porter ceci à sa connaissance devrait lui permettre d'appréhender différemment ce qui peut se jouer. Il peut forcément y avoir un travail à faire là-dessus, ne serait-ce que de dire et redire cette phrase magique :

« Je dénonce ce transgénérationnel, cette lignée d'hommes et de femmes de ma famille qui aurait pu induire le subir comme quelque chose de normal. Je le rejette de toutes mes forces et à partir d'aujourd'hui, je ne subirai plus jamais, je ferai ce qu'il faut ! »

Mais la question que je dois alors me poser est à la fois plutôt simple et plutôt confrontante : pourquoi maintenant que je suis grand, je continue à subir, à être humilié/e, jusqu'à être injurié/e, battu/e ? Tout en sachant bien sûr que ce n'est pas bon pour moi.

Alors bien sûr il y a la piste transgénérationnelle mais il y a derrière quelque chose de plus compliqué : mon besoin d'être aimé/e. C'est le besoin de chacun, essentiel, vital, le moteur de ce monde. Cela doit me mettre en face de mon incapacité à me donner cet amour nécessaire à ma vie et à mon développement. Ma seule voie pour arrêter cette spirale infernale, pour arrêter cet ancien de se reproduire, ce mendiant qui est en moi de mendier et pour trouver cet amour dont j'ai tant besoin, sera d'apprendre à me nourrir par moi-même, à pourvoir à tous mes besoins et désirs par moi-même. C'est un véritable apprentissage, c'est le but du déconditionnement du papillon. C'est trouver son autonomie, c'est devenir le gâteau afin que l'autre soit réduit à une belle cerise et pas l'inverse.

J'aime le dire ou le redire, ce n'est pas quelque chose qui est facile ou difficile, c'est juste quelque chose à faire et personne d'autre ne peut le faire à ma place.

Est-ce que l'on peut sortir du subir ?

Assurément, assurément, assurément !

Ce serait comme une maladie dont il faut guérir et la bonne nouvelle, c'est qu'il y a des solutions pour cela, encore faut-il les connaître et les appliquer.

J'ai toujours été consterné de savoir que c'était les enfants les plus maltraités qui avaient le plus de mal à se séparer de leurs parents. Derrière l'humiliation, il y a forcément le besoin d'être aimé/e et toujours cette fausse croyance inconsciente : « en acceptant ceci, je serai enfin aimé/e de mes parents. »

Cela ne fonctionne pas ainsi. L'amour que j'attends, je continue à l'attendre de mes parents, même à cinquante ou soixante-dix ans. Et c'est justement parce que cette attente est inconsciente, qu'elle perdure et que je ne la perçois pas. Mais c'est la plus diabolique des attentes, la source de tous mes interdits, un véritable poison.

Dans l'espoir de cet amour, l'on peut complètement passer à côté de sa vie, s'interdire de s'engager, s'interdire de s'ouvrir à l'autre, au monde, s'interdire de « grandir » parce qu'en « grandissant », on pourrait perdre l'amour de ses parents (même lorsque ceux-ci sont morts).

Je dois enregistrer ceci : l'amour que je n'ai pas eu, ne viendra pas ! Alors je dois me l'offrir. Et nous le reverrons à la page 142.

NON, NON, NON, en acceptant l'humiliation, je ne serai jamais aimé/e.

Je dois aussi enregistrer autre chose : « on refuse ce que l'on n'a pas eu ». Cette phrase doit me permettre de comprendre l'incompréhensible.

Tout ceci dit, mon travail est maintenant de réparer en refusant définitivement toute humiliation, en stoppant cette spirale infernale.

Pourquoi ai-je recherché dans mon ex-mari la même perversion qu'il y avait chez mes parents ? Pourquoi ai-je accepté de me faire maltraiter pendant si longtemps par mon ex- mari ?

Avec ce qui précède, je dois avoir ma réponse. Le besoin vital de ma petite enfance a été d'être aimé/e par mes parents, peu importe ce que j'ai reçu ou pas.

Alors incapable de me nourrir par moi-même, de réparer, et en refusant ce que je n'ai pas eu, bien sûr inconsciemment, je vais trouver un compagnon ou compagne sur la même dynamique de mes parents. Ainsi je vais nourrir toujours la même attente, avec les mêmes ingrédients : l'humiliation, les injures, la maltraitance. Je reste dans un terrain inconnu, celui de mon enfance avec le faux espoir de le changer, en me disant que mon compagnon ou compagne saura faire différemment. Ce que mes parents n'ont pas su me donner, lui ou elle saura me le donner. C'est toujours un leurre, la seule personne qui pourra me donner ce que je n'ai pas eu, c'est moi et personne d'autre.

Et en l'occurrence ce que j'attends, je l'attends de mes parents et pas de mon conjoint. Il est très important que j'enregistre ceci, c'est une mission impossible pour le conjoint, alors je peux arrêter de l'attendre de lui et de le lui demander.

Combien de gens attendent de l'autre quelque chose qu'ils sont incapables de recevoir de lui ?

Je vois chez ma femme son besoin de valorisation, et je vois aussi son incapacité à recevoir toutes les tentatives que je peux faire dans ce sens ; je me rends bien compte qu'elle attend ceci de quelqu'un d'autre que moi et quel que soit l'effort et l'amour que je peux mettre dans cette valorisation, elle l'attend inconsciemment de son père, pas de moi, son mari. Alors je dois arrêter d'essayer de réparer quelque chose qu'elle ne peut réparer que par elle-même.

Pourquoi ai-je pu me rebeller à 18 ans et me sauver de mes parents destructeurs et pourquoi n'ai-je plus trouvé l'énergie vitale pour le faire à 40 ans ?
Pourquoi a-t-on parfois envie de baisser les bras ? de dire à quoi bon ? Sans vraiment être dépressif mais plutôt fataliste.
À 18 ans, s'ouvrent les portes de la majorité, une émancipation qui permet à l'adolescent de sortir légalement de la responsabilité des parents, une sorte de passeport. Cela peut donner des ailes et c'est certainement le cas pour cette personne qui à un moment donné s'est dit : stop, cela suffit !
Elle devait certainement être arrivée à saturation, au bout d'un cycle, peut-être à un endroit où il n'y avait pas d'autre issue que de partir ou mourir ; et en face de laquelle la croyance : « peut-être je vais enfin recevoir cet amour tant espéré » n'avait plus de sens. Alors il a été possible à cette personne de fuir.
Pour autant est-ce s'affranchir du subir ?
Je ne le crois pas. Elle a certainement quitté des parents maltraitants avec le grand risque de retourner sur un conjoint maltraitant. Pour sortir de l'humiliation, être arrivé au bout du bout ne suffit pas, il faut des outils, il faut savoir quoi faire et c'est la raison pour laquelle dans ce programme de déconditionnement du papillon nous allons travailler sur quatre pistes : 1/ l'éradication des saboteurs, les petites voix négatives ; 2/ le dialogue avec l'enfant intérieur qui me permettra de trouver mon guide, ma source qui me dira ce qui est bon ou pas pour moi ;

3/ les dénonciations qui vont désactiver mes contrat et interdits; et 4/ la reprogrammation positive qui va mettre en place de nouveaux programmes tuteurs, qui permettront d'aller vers ce qui est bon pour soi, sans être parasité par l'ancien.

Si je suis dans le noir mais que j'aperçois la lumière, cela change tout. Il suffit ensuite de me diriger vers elle.

Dans cette lutte pour ne plus subir, ne plus être humilié/e, maltraité/e ; si je ne sais pas quoi faire, si je ne dispose pas d'outils efficaces, alors il y a de grandes chances qu'avec le temps, je fatigue et qu'à un moment donné, je baisse les bras, je renonce. Ce peut-être la dépression, l'autodestruction et cela peut même aller jusqu'au suicide.

Parfois bien sûr c'est beaucoup plus léger et cela peut s'exprimer par un léger vague à l'âme plus ou moins persistant ou récurrent.

La source est toujours la même : mon incapacité à m'aimer, à me nourrir pour moi-même.

Comment expliquer qu'il est possible de ne plus subir les conditionnements ?

Cette question serait plutôt symptomatique de quelqu'un qui se pose beaucoup de questions. Quelle importance d'expliquer à l'autre qu'il est possible de ne plus subir les conditionnements ?

C'est juste important pour soi. Le conditionnement, c'est en quelques mots : ce que je suis devenu pour être aimé. Si le décalage entre ce que je suis devenu et ce que je suis, est trop grand, alors je peux sentir chez moi un mal-être, jusqu'à la maladie dans certains cas.

En ne subissant plus les conditionnements, je m'offre une voie de réconciliation, d'autonomie, pour aller vers ce qui est bon pour moi, pour me nourrir par moi-même, afin de pourvoir à mes besoins et à mes désirs par moi-même. Je grandis ! Je n'attends plus que quiconque m'offre ceci, je me l'offre. C'est tout le sens et l'intérêt du déconditionnement : être en accord avec soi-même. Ce n'est jamais quelque chose que je vais faire par rapport à l'autre, je vais le faire pour moi.

Plutôt que subir, devrait-on renchérir ? ou bien systématiquement faire mine d'ignorer ? ou devons-nous calmer notre enfant intérieur et riposter avec notre adulte verbalement ou physiquement?

« Tout », plutôt que subir, sera ma réponse. Je ne crois pas qu'on puisse faire autrement que d'adopter une démarche radicale. Si la vie me conduit à un carrefour où je décide de ne plus subir, alors plus rien ne doit me faire retourner dans l'ancien. Bien sûr, je vais devoir apprendre à me positionner, et il se peut que dans un premier temps, je sois un peu excessif/ve, mais je vais apprendre à doser, à graduer ma réponse : riposter verbalement et de façon tranquille quand c'est nécessaire, monter la voix très fort ou quitter l'espace quand il n'y a pas d'autre issue que la confrontation physique, voire le passage à l'acte.

Je dois prendre ceci et enregistrer des expériences dont je sortirai vainqueur chaque fois. Cela ne peut commencer que par des petites choses : « non, pas pour l'instant » à la place d'un silence, un « non » tranquille sans aucune culpabilité dès que je me sentirai un peu plus confiant/e, et ainsi de suite. Le temps va travailler pour moi et chaque victoire enregistrera de nouveaux programmes, de nouvelles mémoires. Alors, il me sera de plus en plus facile de faire appel à ces nouvelles références.

L'autre contrainte que je vais devoir affronter sera le temps. Je vais devoir apprendre à dire le plus tôt possible ce qui est bon ou pas pour moi. Cela ne pourra pas se faire du jour au lendemain et je devrai réduire ces délais au fil du temps. Là aussi chaque expérience positive me renforcera dans ce travail, c'est très encourageant de sentir se positionner de plus en plus tôt et tranquillement.

Ensuite cela deviendra automatique, je n'aurai plus d'effort à faire, le plus dur aura été de commencer.

Au début de ce travail je dois enregistrer : « zéro tolérance » !

C'est à ce prix, que la vie changera pour moi. Cela ne se fera pas naturellement ou sans effort, sinon cela se serait déjà produit. Cela demandera de ma part un véritable engagement, un apprentissage à me respecter et à me positionner, c'est souvent l'enjeu de toute une vie. Et forcément, ne plus permettre à quiconque de ne pas me respecter et encore moins dorénavant de m'humilier ou de me maltraiter.

Pourquoi minimise-t-on souvent ses souffrances avec y'a pire, je pourrais être pauvre, aveugle, boiteux, cancéreux, ou sdf ? Qu'est-ce qui fait qu'on ne voit pas sa souffrance ?

Ce qui peut venir en premier, c'est que subir me coûte moins cher que de réagir, cela me confronte moins. Cela me demande moins d'efforts, moins d'énergie, de rester dans l'ancien que d'être confronté à ma capacité d'action ou de réaction.

Et surtout, c'est un alibi fortement entendable par mon mental pour ne pas passer à l'action, pour « ne pas grandir » et prendre le risque de ne pas recevoir cet amour tant espéré de mes parents, toujours cette même espérance inconsciente qui peut m'empêcher de faire ce qui est bon pour moi.

Alors il est plus facile de voir la misère d'à côté que la mienne.

Comment dire NON et se protéger quand on sait que ce n'est pas bon pour soi ? Comment me positionner, dire non sans blesser ?

La première difficulté qu'on va rencontrer sera d'abord celle de savoir si c'est bon ou pas pour nous. Cela va nécessiter d'entendre cette petite voix, notre enfant intérieur, notre guide qui peut nous dire sans filtrage ce qui est bon ou pas pour nous. Nous n'avons pas tous accès à cette petite voix car nous l'avons souvent niée.

Ensuite si nous l'entendons, nous allons devoir vérifier que cette partie de nous soit bien en lien avec nos désirs et nos besoins et que ce ne soit pas notre partie conditionnée, nos vieux programmes qui parlent, ceux qui peuvent nous censurer ou nous réduire. Nous allons devoir vérifier si cette petite voix que nous pouvons entendre nous conduit vers l'expansion ou la réduction. **Nous devons tout le temps nous demander : EXPANSION OU REDUCTION ?**

Enfin si nous avons la bonne information, il va être simple de dire non, car le problème se situe plus dans notre difficulté à discerner, que dans notre difficulté éventuelle à dire.

Nous allons aussi devoir transgresser le « non » qui pourrait impliquer le rejet de l'autre, ou inconsciemment, me couperait de l'amour de l'autre ou plus exactement celui de mes parents.

Si nous sommes conscients que le seul amour dont nous avons besoin, c'est le nôtre ; alors nous serons prêts à dire « non » sans aucune culpabilité et d'une façon très tranquille. Si ce n'est pas le cas, ce n'est pas comment le dire qui va être compliqué, mais plutôt juste de le dire, car nous penserons à tort que dire « non », nous exclut d'être aimé/e.

Ensuite, croire qu'en disant non, on va blesser l'autre, c'est l'infantiliser et ne pas lui laisser son pouvoir de se positionner. L'autre est grand et si quelque chose ne lui va pas, il pourra aussi dire « non ». C'est à chacun de « grandir » en apprenant à poser tranquillement des « non » ou des « oui », en se respectant.

Pourquoi quand une fille se prend des remarques salaces, subit un harcèlement sexuel verbal, cela déclenche-t-il chez elle d'abord une gêne qui s'apparente à la peur mêlée de culpabilité ? Je l'ai subi, mais mes filles le subissent aussi dans le milieu pro. Pourquoi ce malaise mêlé de peur au lieu de l'instinct de colère et de guerre que cela devrait déclencher ?

D'abord je subis certainement parce que j'ai hérité d'un système, d'une dynamique et que transgresser ceci, me couperait de l'amour dont j'ai besoin. On a vu plus haut combien l'humiliation se nourrit de l'humiliation et ainsi je continue sans m'en rendre compte vraiment à accepter quelque chose d'inacceptable, et quelquefois sans que cela me touche spécialement, tellement j'ai pu être habitué/e à vivre ceci dans mon histoire.

Alors si je subis, il me sera plus facile de motiver ceci par des arguments, que de laisser mes questions sans réponse. Une des réponses les plus faciles sera : « ce n'est pas grave » ou « laissons-le/la dire ». Mais c'est continuer à alimenter sa blessure.

Ce qui nous empêche de réagir, ce qui nourrit le malaise, c'est la peur de ne pas être aimé/e, toujours la même. Le jour où je comprends ceci, alors je peux appliquer le « zéro tolérance ». J'aurai enregistré que le seul amour dont j'ai besoin, c'est le mien et je n'accepterai plus le manque de respect, car je saurai que je peux être aimé/e comme je suis.

Comment trouver la paix intérieure après une vie si violente ?

Il faut souvent un déclic, une circonstance ou une prise de conscience qui fasse dire : cela suffit. Je serai allé/e au bout d'une trajectoire et me trouverai dans une impasse, je n'aurai plus le choix.

Cela ne se passera pas de façon naturelle, cela nécessitera de ma part, d'abord une décision puis un effort et une détermination.

C'est à moi de choisir si je veux subir ma vie ou si je veux la conduire là où c'est bon pour moi. Ceci, personne d'autre ne pourra le faire à ma place, c'est de ma seule et unique responsabilité.

Alors après la tempête, le combat, la souffrance, peut venir le temps du repos bien mérité. Ce temps-là n'est pas accessible à tout le monde, c'est une réalité, et je vois bien parmi les personnes que j'accompagne combien pour certaines avancer vers cette paix est quelque chose de très compliqué, sans qu'elles sachent vraiment pourquoi. Sortir du subir, c'est commencer à s'aimer et ne plus l'attendre de quiconque, c'est se choisir, et ce n'est pas quelque chose qu'on apprend à l'école, ce qui est bien dommage d'ailleurs.

Sortir du subir, c'est enfin se dire « oui ».

4/ LE REGARD DES AUTRES

Pourquoi suis-je si dépendante du regard de l'autre ? Pourquoi ai-je tant besoin de faire plaisir aux autres ? Pourquoi je m'oublie au profit des autres ? Pourquoi les réflexions des autres peuvent encore me déstabiliser ? Pourquoi les autres sont plus importants que moi ? Pourquoi est-ce que je ne me sens pas à la hauteur ? À la hauteur de quoi ? Pourquoi est-ce que je me compare aux autres ? Pourquoi j'ai peur du jugement des autres et de ne jamais être à la hauteur ?

Si je n'ai pas été suffisamment vu par mes parents, suffisamment valorisé, alors je vais accorder au regard des autres une importance qui n'a pas lieu d'être, mais qui de fait, peut conditionner toute ma vie.

Ce qui se joue encore derrière ce regard, c'est mon besoin d'être aimé/e, d'abord d'être aimé/e de mes parents, mais aussi celui d'être aimable ou pas. Alors ce que ne m'ont pas éventuellement donné mes parents, ou ce que je n'ai pas reçu, je vais l'attendre et le demander aux autres. Sauf que c'est une mission impossible, ce dont j'avais besoin, devait venir de mes parents et de personne d'autre.

En n'ayant pas été suffisamment vu, ma tendance peut-être de me dénigrer, de ne pas avoir confiance en moi, en mes qualités, en mes capacités et alors je vais chercher dans le regard de l'autre une façon de me rassurer, de me conforter, de me trouver « aimable ». C'est encore un leurre, mais c'est ainsi.

La seule personne qui pourra me valoriser, m'offrir tout ce que je n'ai pas reçu, c'est moi. Alors je peux arrêter d'attendre ceci de quiconque.

En faisant passer les autres avant moi, c'est aussi une autre façon de me rendre « aimable ».

Que me manque-t-il pour me choisir moi au lieu des autres ?

Rien, je n'ai juste pas encore compris que ce que je cherche chez l'autre, c'est d'être aimé de lui ou plutôt de mes parents. Le jour où j'ai compris que le seul amour dont j'ai besoin, c'est le mien ; alors je peux commencer à me choisir.

Et j'aime cette image de la passoire : je peux commencer à boucher les trous de ma passoire, me nourrir par moi-même, pourvoir à mes besoins, ne plus demander à l'autre de compenser mes manques, qui d'ailleurs ne seraient jamais satisfaits puisque les seules personnes qui auraient pu les satisfaire ne l'ont pas fait en temps et en heure (mes parents). Lorsque les trous de ma passoire seront bouchés, alors je pourrai me remplir jusqu'à déborder afin de donner à l'autre, afin d'aimer l'autre. Je ne l'aimerai plus pour ce qu'il compense, mais je l'aimerai par générosité, parce que je me serai rempli/e et qu'il me sera possible d'offrir ce qui débordera de moi.

Qu'est-ce que je dois changer chez moi pour ne plus avoir besoin de distribuer du bonheur autour de moi ?

J'ai encore parfois le sentiment d'être une bonne « poire », j'ai une tendance à être prévenante et bienveillante avec les personnes qui m'entourent, sans me poser de questions, à donner un coup de main si besoin et je constate que c'est plutôt apprécié, et l'inverse n'est pas toujours au rendez-vous.

J'ai tendance à me demander ce que les gens pensent de moi, même si je sens que cette question est moins prégnante aujourd'hui.

Pourquoi je fais toujours passer les autres avant moi, pourquoi je me sacrifie ?

Je dois juste comprendre qu'en distribuant du bonheur autour de moi, qu'en faisant passer les autres avant moi, j'attire l'amour des autres et je me rends « aimable ». Le jour où je fais ce qu'il faut pour m'aimer, je peux arrêter de distribuer du bonheur « par intérêt ou en attendant un retour sur investissement », je peux arrêter de faire passer les autres avant moi.

Je serai plus attentif à moi et contrairement à ce que l'on peut croire, également plus attentif aux autres, je serai beaucoup plus en accord avec moi-même et avec ma vérité. Je serai beaucoup plus en paix, mais je ne donnerai plus pour recevoir.

En fait, je ne dois rien changer, je dois juste « grandir » et prendre conscience que mon altruisme est une forme déguisée pour mendier de l'amour !

Pourquoi suis-je si facilement déçu par les autres ?

Pourquoi suis-je si dépendant/e de l'autre, de son jugement, de son attitude, de son regard ?

C'est assurément parce que je donne à l'autre une importance qu'il ne devrait pas avoir. Bien sûr, je comprends que si je ne suis pas arrivé/e à me construire une valeur, une confiance, une estime de moi, et on a vu d'où cela pouvait venir, alors je vais aller chercher ceci ailleurs, chez mon conjoint, chez les autres, dans leurs regards, dans leurs jugements. Je serai alors absolument perméable jusqu'à même devenir invisible, jusqu'à disparaître. Je serai un ou une spécialiste du : « comme tu veux ».

C'est le syndrome type de la dépendance affective. Je n'existe qu'à travers l'autre. Alors un moindre geste, une moindre réflexion, un moindre regard va me déstabiliser. Je ne saurai même pas ce que je veux, ce qui est bon pour moi ou pas, et je confierai à l'autre le soin de choisir et de décider pour moi. C'est absolument terrible, car je lui offre le pouvoir de me rendre heureux/se ou malheureux/se. Pour sortir de la dépendance affective, je vais devoir apprendre à m'aimer, à ne confier cette mission à personne d'autre que moi. Nous verrons plus tard comment.

5/ DEVOIR CULPABILITE CONTRATS INTERDITS

Pourquoi ai-je autant de mal à me libérer du travail, de ce que j'ai à faire ?

Pourquoi cette sensation de vivre en permanence projeté dans le futur sans pouvoir savourer le moment présent ?

Pourquoi cette difficulté à discuter simplement de la pluie et du beau temps avec les autres ?

Pourquoi je n'ose pas faire ce qu'il me plairait de faire?

Pour être aimé, j'ai dû m'adapter, je n'ai pas eu le choix. Quand je dis pour être aimé, c'est avant tout pour être aimé de mes parents. Aussi j'ai dû faire comme ils le souhaitaient, soit parce que j'y ai été obligé, contraint ou que je me suis créé un ou des contrats.

Une des valeurs, ou un des domaines privilégiés pour recevoir l'amour de ses parents, c'est le travail !

Alors il va être difficile de se libérer du poids de ce contrat. Le transgresser sera très compliqué. Certains y arriveront avec beaucoup de culpabilité, d'autres n'y arriveront jamais et consacreront leurs vies à travailler. C'est une des raisons principales qui fait courir les gens : la reconnaissance, mais inconsciemment, la reconnaissance des parents. Bon nombre de personnes passeront leur vie à courir après ceci, même en ayant réussi professionnellement. Cette course pourra s'arrêter en se posant la question : je veux prouver quoi à qui ?

De ce devoir, nourri par mon besoin légitime de base d'être aimé/e, va découler un tas de conséquences, un tas d'impossibilités, un tas d'interdictions : comme par exemple : trouver du temps pour me faire du bien, ne

rien faire, faire des choses futiles, parler de la pluie du beau temps, flâner, se reposer, profiter de l'instant présent, etc.
La voie de libération est la transgression consciente en refusant toute culpabilité : se choisir !

Quand une situation ne me convient pas, je le dis ! Mais souvent je culpabilise très vite et je me demande si ma réaction n'était pas démesurée, si je fais souffrir la personne pour pas grand chose…
Je crains que la sensation dont on parle ici, ne soit pas la culpabilité mais la peur, et la confusion est facile.
Suffisamment libéré dans mon conditionnement, je m'autorise à dire « non » mais derrière, je suis rattrapé par une peur légitime, celle de ne pas être encore aimé/e. Comme c'était une nécessité dans mon histoire, je peux encore la sentir, même si elle se cache habilement et je risque de la sentir encore longtemps, tant que je ne me serai pas définitivement sécurisé.
Et bien sûr comme je ne vais pas la déceler, je vais avoir du mal à assumer mon positionnement, je risque d'être fragilisé par tout un tas d'arguments d'ordre mental : ne vais-je pas blesser l'autre pour rien ? Suis-je juste dans ma réaction ? Suis-je dépourvu de compassion ? Ne puis-je pas être plus généreux ? Etc.
Bien sûr, je peux être dans la générosité mais je ne dois pas confondre celle-ci avec une fausse générosité qui me permettrait de recevoir l'amour de l'autre. Ma priorité est d'être en accord avec moi-même, ainsi je pourrai offrir mon amour à l'autre gratuitement sinon c'est un leurre ou un mensonge, c'est une générosité qui va me permettre de compenser mes manques en n'osant pas dire « non » pour recevoir l'amour de l'autre.

Pourquoi est-ce si difficile de sortir de la culpabilité ? Comment arrêter de culpabiliser pour tout ce que je ne suis pas ou ne fais pas "comme il faut"?
Pourquoi je m'interdis d'être vraiment libre et heureuse ?
S'aimer tel que nous sommes est la seule voie !
Cela va à l'encontre de notre conditionnement, de notre adaptation. Nous nous sommes construits pour recevoir l'amour de nos parents et ainsi pour devenir comme ils l'auraient souhaité ou comme nous pensions qu'ils auraient aimé que nous soyons, et à l'extrême, nous pouvons même crier « au secours » : devenir l'inverse de ce qu'ils auraient souhaité.
Ainsi tout ce qui pourrait nous écarter de ces trois voies, peut-être « interdits » !
Je suis prisonnier du devoir et tout écart devient culpabilisant. Transgresser ne sera pas facile mais l'enjeu : se libérer et se trouver, pourra justifier un engagement radical dans ce déconditionnement. Ce sera le prix à payer, désobéir pour me choisir.
M'accepter comme je suis, deviendra une évidence tellement le poids du devoir peut être quelque chose de lourd. Cela pourra aussi me permettre de sentir pour la première fois de ma vie ce que signifie le mot : liberté.

Pourquoi je ne me respecte pas, quand mon corps m'envoie des signes que c'est trop ?
Si mon conditionnement est trop fort, il y a de fortes chances que je n'entende pas les alertes de mon corps, même en développant un tas de maladies.
Si j'ai passé toute ma vie à nier mes besoins pour plaire inconsciemment à mes parents, pour recevoir leur amour, avec ou sans succès ; il n'y a aucune raison qu'à

un certain moment de ma vie j'entende ce que mon corps me dit. Je suis trop imprégné de mon conditionnement pour être réceptif. Il faut quelquefois un événement fortement significatif pour que je retrouve une écoute de moi, pour que cela remette en cause mon fonctionnement. La mort, la perte d'un proche, la maladie, le cancer sont des facteurs majeurs qui peuvent déclencher des prises de conscience et le déclic pour changer ma trajectoire. Sinon je peux continuer ma vie en étant « sourd » et je peux nier tous les signes que m'enverra mon corps.
Bien sûr, je peux voir le mauvais côté de la pièce : je suis prisonnier de mon conditionnement ; ou le bon côté qui me permet de rebondir pour trouver des solutions. Ce qui n'était pas le cas précédemment.

Pourquoi je n'arrive pas à ressentir de la joie alors que j'aime ma vie ?
Quand mon seul devoir est de travailler, ai-je le droit de ressentir de la joie ? Cela n'est pas induit, et il y a de fortes chances que si mon seul devoir est de travailler, je ne m'autorise pas au plaisir, je m'interdise de ressentir de la joie et tout ce qui pourrait m'écarter du travail risque d'être compliqué à vivre. Encore une fois, je serai prisonnier de mon devoir, même si ma vie me convient. Je dois prendre conscience de mon contrat, le dénoncer en tant que béquille, et ne plus m'interdire des temps d'oisiveté, de plaisir ou de récupération. Tout est compatible, je dois en faire l'apprentissage. Ainsi je peux relativiser, remettre mes valeurs à leur juste place et ne pas passer à côté de l'essentiel de ma vie. Ce n'est pas le travail qui rend heureux, cela se saurait.

6/ DEPRESSION

Pourquoi on tombe en dépression ? Pourquoi est-ce que je ressens ces vagues de tristesse ou de mélancolie parfois sans raison apparente ?
Je suis triste mais sans raison identifiée ?
Pourquoi est-ce que ne vais pas bien alors que j'ai tout pour être bien ?
Ce qui crée le mal-être, c'est le décalage entre ce que je suis devenu et ce que je suis réellement. Si pour être aimé, j'ai dû me nier et me renier, il y a de fortes chances que j'ai altéré une de mes ressources essentielles de ma vie : la joie.
J'ai ainsi bâillonné ma petite voix intérieure, mon guide si précieux qui peut me dire ce qui est bon ou pas pour moi, jusqu'à ne plus rien sentir, savoir et donc être dans la difficulté de choisir, en laissant l'autre choisir, en ouvrant la porte au funeste : « comme tu veux » !
Je peux être aussi victime de mes souffrances, de mon passé et pour ne plus le revivre, je me construis une carapace qui va m'empêcher de souffrir mais aussi de sentir, de savoir ce qui est bon ou pas pour moi. Je vais constituer une chape de plomb qui me mettra à l'abri de souffrir mais aussi à l'abri de vivre. J'en perdrai le goût, l'appétit, le plaisir, la joie, le sens, les sens, l'essence, l'envie, la vie.
Ce n'est pas en bétonnant, en m'interdisant de sentir que je me mettrai à l'abri de souffrir. C'est une mauvaise piste, une tromperie. La seule attitude qui me permettra de ne plus souffrir comme j'ai déjà souffert, c'est la sécurisation intensive et permanente de mon enfant intérieur. Cela ne dépend que de moi et je ne l'attendrai plus de quiconque, je l'ai d'ailleurs trop attendu des adultes ou de mes parents dans ma vie.

C'est terminé, aujourd'hui moi seul peux m'offrir durablement cette sensation de sécurité qui passe par un protocole assez précis : main sur le ventre et mots forts le plus tôt possible jusqu'à ce qu'ils soient entendus par mon enfant intérieur. C'est ce qui est développé dans le processus de déconditionnement du papillon. C'est la seule chose qui me permettra de ne plus jamais souffrir comme j'ai déjà souffert, de m'ouvrir à l'autre, à la vie, et de pouvoir m'engager dans une relation. Certes je pourrais être à nouveau trahi ou abandonné mais plus jamais je ne souffrirai comme dans le passé car tout de suite, je me consolerai et ferai ce qu'il y a à faire pour me protéger.

Plus je vais alléger ma carapace, plus ma capacité à sentir sera active. Cela signifie que je serai plus vivant avec plus de joies mais aussi avec plus de peines.

Ainsi, je pourrai être rattrapé par l'ancien. Il se peut qu'une nostalgie vienne régulièrement me visiter. Pour sortir de ceci il me suffira de la remercier, et patienter pour qu'elle retourne de là où elle vient, l'ancien, le passé.

Comment faire pour identifier les origines de cette tristesse ?

C'est à la fois très simple et complexe, c'est toujours en lien avec la souffrance de base, la blessure d'origine.

Quand quelque chose me touche, me blesse, cela réactive la plupart du temps ma souffrance de base. Il suffit que je me pose la question : que cela me rappelle-t-il dans mon histoire ? (Essentiellement père et mère)

Il se peut que l'identification ne soit pas facile mais avec le temps, très rapidement je pourrai mettre le

doigt sur mon abandon, ma trahison, mon humiliation, mon injustice ou mon rejet.
Ainsi je comprendrai très rapidement que la tristesse que je croise n'est qu'une résurgence de ma souffrance d'origine ; je pourrai immédiatement me sécuriser, dissoudre ma tristesse, la ranger à nouveau dans mon histoire et continuer ma route dans quelque chose de plus léger et joyeux, plus naturel.
Ce qui est complexe, c'est d'avoir immédiatement le réflexe de me demander qu'est-ce qui se rejoue dans ce moment de tristesse ?
Si cela devient un automatisme, alors il y a de grandes chances que je laisse la tristesse au passé et qu'elle ne vienne me visiter que très rarement car chaque fois je l'identifierai et la renverrai au passé.

Pourquoi ai-je une tendance à la mélancolie, une sorte de fascination pour elle ? Comment faire pour m'établir plus durablement dans la joie ?
La mélancolie, la tristesse sont les parties tendres de ma souffrance comme la colère en est la partie dure. Tout ceci m'appartient, a existé, et demeurera en moi. Tout cela fait partie de moi, comme un ADN. On ne refait pas le passé, mais on fait le présent et le futur.
Ce qui peut m'empêcher de célébrer et d'être attiré ou fasciné par ma tristesse, peut être mon contrat inconscient de ne pas quitter mes parents pour recevoir leur amour même s'ils sont morts. Aussi étonnant que ce soit, c'est un des principaux interdits inconscients à ma liberté.
Si je suis prisonnier de cette obligation à ne pas «grandir», je peux être régulièrement en proie à la mélancolie, un mal-être inexplicable, venu de loin, à la fois familier, bien connu, récurrent et d'apparence indolore.

Cela peut justifier un certain attachement à cette sensation très connue de moi.
Comme je le dis plus haut, ma seule possibilité pour dissoudre durablement cette tristesse ou mélancolie sera d'identifier le plus rapidement possible à quoi cela me ramène, en principe toujours à ma souffrance de base, ma blessure d'origine.

7/ DEPRESSION DESTRUCTION

Pourquoi vivre quand plus rien ne vous retient à la Vie ?
Est-ce si important de devoir continuer à vivre quand on n'en a plus envie du tout, quand chaque jour qui se lève est une nouvelle épreuve et que la douleur est insurmontable ?
Comment faire semblant quand tout devient juste impossible et que le seul réconfort se trouve dans le sommeil, ce sommeil salvateur provoqué par les somnifères et l'alcool où l'on arrive enfin à tout oublier : plus de questions, plus de pleurs, plus de douleurs ?
Pourquoi suis-je si lâche ? Pourquoi je préfère fuir dans les somnifères et l'alcool plutôt que d'affronter avec courage les drames de ma Vie ?
Comment réussir à me débarrasser des médicaments ?
Comment réussir à dormir ?
Pourquoi n'ai-je plus l'envie de me battre ?
Comment arrêter de se détruire ?
Quel est ce besoin de se détruire ?
Pourquoi n'ai-je plus aucune volonté ?
Comment trouver la force en soi pour se relever ?
Où trouver la force pour avoir envie de vivre ?
Comment se dire que la vie est belle malgré tout ?
Comment le déclic du changement se produit ?
Quand je suis attaqué/e avec acharnement, quand la joie disparaît de ma vie, quand tout m'agresse et que tout n'est que souffrance, il se peut que se présente à moi l'envie de renoncer jusqu'à l'envie de mourir.
Heureusement la vie est plus forte que la mort et j'aime ce proverbe africain qui dit : **quelle que soit la durée de la nuit, le jour vient !**

Il en est de même pour la vie, si dans ma vie je suis au fond du gouffre et en souffrance depuis un bon moment, voire depuis de nombreuses années ; il n'est jamais exclu que demain ne me réserve pas une incroyable surprise qui pourrait effacer et guérir toutes mes années noires. Et il est d'ailleurs très rare que la vie n'inverse pas les courbes et que la joie ne vienne pas ressusciter et illuminer les passés les plus sombres.
C'est le principe même de la vie : pour qu'il y ait des jours, il faut qu'il y ait des nuits ; pour qu'il y ait de la joie, il faut qu'il y ait de la tristesse. Alors patience, demain sera de toute façon différent.
Dans cette spirale de destruction, la seule phrase salvatrice est la suivante : « qu'est-ce qui serait bon pour moi, là tout de suite, dans la minute qui vient ? ».
Ce sera la question à se poser sans cesse jusqu'à retrouver un peu de lumière. Forcément nous parlons ici d'un stade ultime dans lequel il y a des chances que nous soyons perdus, et la plus belle des issues est de retrouver son guide, sa petite voix intérieure, son enfant intérieur, celui qui saura vous dire ce qui pourrait être bon pour nous, là, tout de suite. Et ainsi de nous propulser doucement à notre rythme vers des moments et des jours plus heureux. C'est tout le sens de la mise en œuvre du dialogue avec l'enfant intérieur.
C'est lorsque j'aurai accès à nouveau à mes sources de joie, qu'il me sera possible de lâcher mes béquilles : l'alcool, les drogues, les jeux, le tabac, le vapotage, les médicaments, la sur-nourriture, etc.
Je dois retrouver le contact avec mon essence, avec ce que je suis. Ce n'est pas parce que je me suis perdu, que je suis incapable de me retrouver. Il y a de fortes chances que je sois victime de mon passé, de mon histoire et la bonne nouvelle est que : tout se répare !

Je dois juste trouver les ressources et la façon de le faire. Moi seul/e pourrai me l'offrir, je ne dois l'attendre de personne d'autre. Forcément dans ces cas difficiles et douloureux, un thérapeute peut être d'un précieux soutien. Encore faut-il que j'ai l'intelligence et l'humilité d'accepter de me faire aider. Mais je dois enregistrer que : **tout se guérit !**

Comment aider ma peau à repousser sans qu'elle ne redevienne armure, maintenant que je suis à vif et vulnérable?

Pour vivre, pour sentir, pour savoir ce qui est bon pour moi ou pas, pour choisir, je dois déposer mon armure. Je n'ai pas le choix car mon armure me protège mais me rend également imperméable à la vie.

Certes dans la dépression, je peux me sentir vulnérable et attaqué, faible et désemparé, mais vivant.

Je le redis, il n'y a pas de haut sans bas.

Ma seule issue pour sortir de la dépression sera :

1/ de trouver mon guide, cette partie de moi qui sais et sens, mon enfant intérieur.

Et 2/ me sécuriser.

Comment ne pas utiliser mon corps comme un outil d'autodestruction (j'ai eu une période en clubs libertins où je laissais faire ce qu'on voulait de moi) ?

Quand je n'ai pas été valorisé/e et vu/e par mes parents, au point de ne me trouver aucune valeur, d'avoir perdu toute confiance et estime de soi, de ne trouver ma valeur que dans les yeux de l'autre ; quand mes parents ne m'ont pas appris le cadre, les limites, les endroits où je peux m'abîmer, me faire mal et me brûler, je dois apprendre ceci tout/e seul/e, je dois

faire cet auto-apprentissage et cela peut quelquefois passer par des situations extrêmes.
Dans l'exemple cité ci-dessus, il peut se cacher quelque chose de plus profond et de plus inconscient. Mon corps peut être une monnaie, un moyen d'échange pour être aimé/e. En donnant mon corps je peux « acheter l'amour », ou croire en recevoir. Mais en principe cela ne dure pas longtemps, le leurre se dissipe assez rapidement. C'est peut-être un peu dur à lire et à entendre, mais cela me montrera jusqu'où je suis capable d'aller, ou plutôt de disparaître, et ainsi de rebondir.

8/ PARDONNER

Pourquoi pardonner aux parents leur manque d'amour ? Leurs violences ? Leur volonté d'annihiler ma personnalité ?
Comment refaire confiance à l'autre quand il a tout fait pour me détruire ?
Que faire quand on ne peut plus croire en l'autre ?
Quand on ne peut plus laisser l'autre nous approcher et nous toucher ?
Quand juste un regard donne envie de vomir et d'hurler ?
Et pourquoi dois-je pardonner aux autres le mal qu'ils m'ont fait ?
Pourquoi et de quel droit me demandes-tu pardon alors que tu m'as volontairement détruit/e ?
Comment accepter l'idée même de pardonner ?
Comment accepter de recevoir le pardon de l'Autre ?
Et pourquoi le recevoir ?
Pardonner, ce n'est pas oublier et je dois enregistrer ceci. Je ne dois pas seulement l'entendre, je dois l'enregistrer et alors seulement, l'impensable devient possible.
Ai-je le choix de ne pas pardonner ?
Oui j'ai le choix de continuer à souffrir, de ressasser, de me laisser ronger de l'intérieur, ou de décider de cicatriser. La cicatrisation ne peut pas passer par une autre voie que celle du pardon, sans oublier.
Pardonner, c'est décider d'arrêter de continuer à porter le poids de la blessure, de souffrir. Ce n'est pas quelque chose que je vais faire pour l'autre. C'est quelque chose que je peux faire uniquement pour moi, pour me libérer, pour me choisir. Alors cette idée devient possible.

Dans la relation avec l'autre, dans mes blessures de couple, ne pas pardonner crée une note, une créance permanente que je vais reporter sur toutes mes relations à venir. Il n'est pas juste que je fasse payer à mon nouveau compagnon ou compagne ce que m'a fait vivre mon ancienne relation. L'autre n'a pas à payer une note qui ne lui appartient pas. Je dois entendre ceci et quelle que soit ma souffrance, je dois m'engager sur la voie du pardon pour me présenter à l'autre dans une neutralité indispensable au bon devenir de la relation.
Le chemin de couple est suffisamment périlleux pour ne pas d'entrée le lester d'un poids qui va l'handicaper.
Le pardon ne peut venir qu'après un temps de digestion. Ce temps-là s'inscrit quelquefois en mois ou en années. C'est comme un temps de deuil à faire. Mais si je veux me libérer, une fois le temps de deuil passé, je dois aller chercher le pardon car il ne viendra pas tout seul. Je dois en être l'initiateur sinon je risque d'attendre toute ma vie sans jamais le trouver. Le pardon sera alors un passage choisi et cela change tout.
Le pardon se travaille en couches successives. Je ne dois pas croire qu'il suffit d'effacer une ardoise pour en être libéré/e. Cela prend du temps, voire des années mais ce n'est pas un effort vain.
C'est grâce à ce temps que tout se pardonne, même les choses les plus horribles, les plus terribles.
Quelle que soit ma douleur, ma souffrance, je ne peux que m'alléger. Je dois éviter la double peine, celle de la blessure et celle de continuer à la porter dans mon cœur et dans ma chair toute ma vie.
Le pardon ne viendra pas tout seul, je dois aller le chercher pour me libérer sans oublier !

Que ce soit pour les parents ou les conjoints, le discours est le même : je dois pardonner. À moi de trouver de quelle façon je peux le faire et à quel rythme. Si je veux me libérer, je ne peux pas économiser ce travail car c'est un travail majeur.
En pardonnant, je me libère mais aussi je me guéris. Ce qui veut dire aussi que les plus grandes atrocités : les abus, les viols, les meurtres, après un temps venu doivent se pardonner. Je peux forcément entendre que si quelqu'un tue votre enfant, l'idée de le pardonner vous soit inenvisageable. Et pourtant il se peut qu'un acte si violent non pardonné vous emporte aussi. Seul le temps pourra vous permettre de pardonner, ce n'est en aucun cas, un cadeau que l'on fait à l'autre.
Pour me libérer, je dois pardonner, je n'ai pas d'autre choix. Pardonner, c'est d'abord et seulement : se libérer et se choisir !

Pourquoi mes parents ne m'ont-ils pas donné d'amour ?

C'est la grande interrogation : pourquoi je n'ai jamais reçu ce qui naturellement aurait dû m'être offert.
Je crains que nous n'ayons pas de réponse.
Je crains aussi que quelque chose nous dépasse, de l'ordre de la lignée ou du transgénérationnel. Il y a de grandes chances que les capacités de bienveillance de ma lignée aient été altérées à différents paliers et avec des circonstances historiques insoupçonnables. Je ne sais pas si mes parents ont fait comme ils ont pu et je n'ai pas à les excuser ou pas. Je dois acter leurs défaillances, quelle que soit ma souffrance pour rebondir, pour réparer, pour me guérir.

Je peux passer ma vie à chercher pourquoi et à le leur demander. Je n'aurai pas de réponse et cela n'a plus d'importance. Ma guérison ne passera que par moi et par le pardon, bien sûr avec le temps, et en couches successives.
Ce sera à chacun de trouver sa façon de pardonner, c'est un chemin et, à mon sens, une voie de spiritualité. Il y a mille voies et vous seul/e saurez laquelle est la bonne pour vous.

Comment pardonner et ou se faire pardonner ?
Comment oublier ?
Comment passer à autre chose ?
Comment lâcher prise ?
La voie la plus efficace pour pardonner me parait être le rituel. A l'heure du high-tech et du Web, cela peut sembler quelque chose d'un peu désuet mais c'est certainement la voie la plus efficace.

Je vais proposer ici deux rituels.

Le premier sera un rituel d'écriture. Il consistera à prendre tous les jours une feuille et écrire ce qu'on a à dire à la personne que l'on souhaite pardonner. Je vais écrire ce qui vient, toute ma souffrance, ma colère, ma tristesse. Tous les jours je vais faire une lettre, je vais y passer le temps qu'il faut : cinq à dix minutes peuvent suffire et chaque jour je rangerai mes lettres dans un classeur. Je ne relirai pas ce que j'écris, ce doit être une écriture spontanée et émotionnelle et non littéraire. Un matin quand je me retrouverai devant ma lettre, je me rendrai compte que je n'ai plus rien à dire à cette personne-là. Alors mon travail de pardon sera accompli. Je prendrai toutes ces lettres et trouverai un moment pour aller les enterrer encre vers la terre. Cela clôturera mon rituel. Je me serai libéré/e et choisi/e.

Le deuxième rituel sera un rituel à créer. Ce sera à chacun de l'imaginer. Ce peut être un temps devant un grand arbre, à parler à cette personne à qui l'on souhaite pardonner. Ce peut être quelque chose de répétitif ou de ponctuel. Je peux utiliser le chant ou allumer des bougies tous les jours jusqu'à ce que je sente que ce n'est plus nécessaire, etc...
Tout est possible et ma seule limite dans ce cas-là est ma créativité.

A quel moment sais-je que j'ai pardonné ?
Seulement quand je me sentirai apaisé/e.
Et ce n'est pas parce qu'à un moment donné, je me sentirai apaisé/e que je le serai de façon définitive. Il se peut, et il y a d'ailleurs de fortes chances que le travail de pardon se fasse en plusieurs fois, en couches successives. Ce sera à chacun de le percevoir et de faire ce qu'il faut pour se sentir à nouveau soulagé/e, même si cela nécessite de refaire un rituel.

9/ S'AIMER

Pourquoi je ne m'aime pas ?

Pourquoi m'aimer puisque personne ne m'a aimée ?

Je dois d'abord enregistrer que si je ne m'aime pas, c'est que personne ne me l'a appris. Ce devrait être le premier devoir des parents et il devrait y avoir une école pour parents, pour leur apprendre : comment on aime ? Je crois bien que quelqu'un a écrit un livre là-dessus qui s'appelle : «LE CADEAU, TRANSMETTRE ET LIBÉRER ! A la recherche de L'école des bons parents et ses cinquante invitations». Je vous recommande vivement ce livre. Hihihi...

Ensuite, ai-je la possibilité de vivre sans m'aimer ?

Bien sûr, mais alors cela signifie que je vais confier à quelqu'un cette mission et alors je vais être dépendant de cette personne. Comme je le disais précédemment, je vais lui confier le pouvoir de me rendre heureux ou malheureux. Il me semble qu'il y a mieux à faire que cela. Personne ne pourra mieux savoir pour moi ce qui est bon pour moi, et personne ne pourra mieux me servir que moi. Je dois mémoriser ceci et faire cet apprentissage.

Comment me connecter à mes intuitions ? (j'ai l'impression de ne pas en avoir)

Comment savoir ce dont j'ai envie ? (ce n'est pas facile pour moi : je ne sais pas quoi répondre quand on me pose cette question)

Comment savoir ce dont j'ai besoin ?

Comment faire pour me libérer de chaînes que je me mets moi-même ?

AIMER, qu'est-ce que cela veut dire ?

COMMENT S'AIMER ?

Je vais devoir rappeler pour quelle raison j'ai perdu le contact avec cette partie intime de moi. Pour recevoir l'amour dont j'avais besoin quand j'étais petit/e, j'ai dû écouter mes parents, me créer des contrats, croire qu'avec une telle attitude, je recevrai leur amour, et ceci sans aucune garantie d'ailleurs. Ce conditionnement, cette adaptation pour être aimé/e, m'a peut-être conduit sur une route très à côté de la mienne. C'est ce décalage qui a pu créer chez moi, le mal-être, des fois jusqu'à la maladie.
Si je me suis fortement nié ou renié, il y a de fortes chances que cette petite voix, ma source, mon guide, se soit tu. Ce qui fait que je ne peux pas me connecter à celle-ci, ou à mes intuitions. En fait, c'est ce qui fait que je ne sais pas ce qui est bon ou pas pour moi, parce que je n'en reçois pas l'information et alors il m'est très difficile de choisir. Une des conséquences sera que je vais laisser à l'autre le soin de choisir pour moi avec tout ce que cela engendre.
Maintenant j'en arrive au vif du sujet, à l'essentiel, à ce que l'on peut nommer le déconditionnement mais qui aurait pu s'appeler : « s'aimer » !

Cela pourrait s'articuler sur 10 axes.

1/ Le premier consistera à arrêter, à interdire toutes ces petites voix négatives qui peuvent arriver toute la journée à mes oreilles et qui me réduisent, me dénigrent, me dévalorisent. C'est comme un sabotage permanent. Bien sûr elles viennent de mon histoire familiale, elles se sont installées avec le temps, et maintenant elles me sont tellement familières que des fois je ne les décèle même pas. L'éradication des saboteurs est une étape essentielle pour s'aimer.

Sinon je vais démarrer un double discours en disant : je m'aime et à la fois je me sabote. Bien sûr ce n'est pas une voix très distincte que j'entendrai à mes oreilles, c'est beaucoup plus subtil mais je dois être attentif/ve pour détecter ces petites phrases qui me sabotent. Ce sont d'ailleurs souvent les mêmes, elles sont récurrentes. Une fois que je vais arrêter de me saboter, je peux m'occuper du deuxième axe.

2/ le deuxième axe, sera de trouver mon guide, ma petite voix intérieure et surtout de déjouer les pièges qui empêchent cette petite voix de s'exprimer. Cette technique s'appelle le dialogue avec l'enfant intérieur, il peut répondre à un protocole bien précis que l'on peut apprendre. Si on appelle ceci le dialogue avec l'enfant intérieur, si on utilise cette image de l'enfant intérieur, c'est pour introduire qu'en face de l'enfant, il y aura un adulte. En face de la partie de moi qui sent et sait, il y aura ma partie adulte qui fera, qui passera à l'action comme pourrait le faire un adulte pour un enfant. C'est en ce sens que l'utilisation du mot enfant intérieur peut être intéressante dans la compréhension du processus.

3/ le troisième axe sera de « grandir » et faire ce qu'il faut. Une fois que j'aurai connecté ma source, que je saurai ce qui est bon pour moi, que j'aurai l'information, alors il me sera facile de dire ou de faire, il me sera facile de me respecter. Ce qui ne veut pas dire que cela se fera tout seul et que ce sera naturel. Cela va me demander un effort certain, un engagement, et aussi, cela va m'exposer à mes freins ou à mes interdits. « Grandir » signifie faire ce qu'il faut pour soi, et c'est certainement le principal inconvénient que l'on peut rencontrer dans le développement personnel : beaucoup de gens sont dans l'incapacité de faire ce qu'ils doivent faire pour eux. Ceci nécessite aussi un travail de déconditionnement.

4/ Nous devrons ensuite écarter un premier frein. Le quatrième axe sera de trouver et de gérer la distance avec nos parents. C'est un travail majeur de déconditionnement car nos parents en sont l'origine, que ce soit par leur attitude, par leur réflexion, par leurs mots, mais aussi par leur lignée et leurs histoires.
Le lien aux parents crée de nombreux interdits plus ou moins conscients qu'il sera nécessaire de transgresser pour aller vers ce qui est bon pour nous. Car une confusion peut m'interdire cette transgression : si je confonds transgression et perte de cet amour dont j'avais tant besoin, jamais je ne transgresserai. Cela signifie que je resterai prisonnier de mes parents, que je resterai dans le devoir ou dans la culpabilité chaque fois que je m'écarterai un peu de ce qu'ils souhaitaient ou de ce que je crois qui serait bien pour eux. Et ne croyez pas qu'en grandissant cela s'estompe ou disparaît, ceci est même valable quand les parents sont morts : le conditionnement est toujours actif tant qu'il ne sera pas désactivé.
Si pour être aimé/e dans mon enfance, j'ai été contraint de m'adapter, je dois enregistrer que maintenant que je suis grand, le seul amour dont j'ai besoin, c'est le mien.
Mais si je continue à espérer d'être aimé de quelqu'un d'autre que moi et en l'occurrence de mes parents, il y a de fortes chances que je reste sur place en attendant toujours cet amour qui ne viendra pas, sinon il serait déjà venu.

Et comme ceci peut ne pas être suffisant, je vais me créer un contrat inconscient qui pourrait dire : « en ne grandissant pas, en ne passant pas à l'action, en ne faisant pas ce que je dois faire pour moi, en restant dans l'immobilité, en restant petit garçon ou petite fille, je pourrai enfin et peut-être recevoir cet amour (de mes parents) que je n'ai pas eu et dont j'aurais eu tant besoin ».

Ce contrat est terrible et incroyablement répandu. Nous ne nous rendons pas compte du nombre de victimes qu'il crée.

Et si cela ne suffit pas je vais rajouter d'autres contrats ou interdits comme un des plus puissants qui est « je dois m'occuper de mes parents ». Ce peut être une demande de leur part qu'ils vont induire avec le temps, ou une demande très claire, et alors ce sera un « interdit » ou une « obligation ». Il sera interdit de faire autrement, je serai obligé de m'occuper d'eux.

Ou alors c'est moi qui penserai qu'il est bien que je m'occupe d'eux le temps venu, quitte à me sacrifier, à me nier, en ne « grandissant » pas, en ne faisant pas ce qui est bon pour moi, en n'allant pas dans ma vie, en ne me choisissant pas, comme nous pouvons le voir très facilement autour de nous, ce qui est d'ailleurs plus facile à voir chez l'autre que chez soi (on dit fréquemment : c'est un petit garçon ou une petite fille). Dans ce cas, c'est un contrat que je me fixe plus ou moins consciemment.

Le lien m'empêche d'être libre. Je dois trouver la distance juste. Je dois trouver la bonne distance avec mes parents et un des voyants pour ceci, pour m'en rendre compte est de pouvoir leur dire « non » sans aucune culpabilité.

Le pouvez-vous ?

Trouver la distance, veut dire : faire ce qu'il faut au minimum et pouvoir dire « non » quand ce n'est pas bon pour nous et « stop » quand ce n'est pas possible d'en faire plus, quand c'est trop lourd et que cela nous empêche de suivre notre chemin. C'est quelque chose d'assez complexe et à la fois de vraiment essentiel. Contrairement à Confucius qui faisait de : « l'attention aux parents, le premier des devoirs », le premier des devoirs sera de nous aimer, d'être en accord avec nous. C'est à cette seule condition qu'il sera possible d'aimer les autres car alors, nous serons capables d'aimer sans que cela soit une compensation déguisée de manques. Ce qui est souvent le cas dans une relation à deux.
Ce travail délicat et majeur pour être libre, de trouver la juste distance devra se gérer dans le temps. Et comptez sur vos parents pour ne pas vous faciliter la tâche. Il y a de fortes chances que cela soit un bras de fer avec des arguments très faciles de leur côté comme: « comment peux-tu faire ça… » et toute la culpabilité qui pourra en découler.
Mais je n'ai pas le choix. Je ne peux pas être à Madrid et à Tokyo en même temps. Je dois choisir, je dois me choisir.
Et tant mieux quand il existe des parents qui savent être dans la discrétion, la réserve, l'absence de jugements, le silence, l'écoute, le dévouement, le don, des parents qui n'ont pas d'exigence par rapport aux enfants et ne donnent des conseils que sur invitation de leurs enfants. Ce sont des parents rares et bien sûr, c'est avec immensément de tendresse que ces parents-là peuvent être pris en charge au foyer de leurs enfants, ils sont une source de quiétude et peuvent

ainsi profiter pleinement de leur rôle de grands-parents.

5/ les deux autres freins que j'aurais seront les interdits et les contrats. Les interdits sont des petites phrases récurrentes qui ont été semées par les parents et sont devenues avec le temps des conditions pour être aimé, c'est-à-dire qu'il ne m'est très difficile d'aller contre, tellement j'ai pu valider et enregistrer ces phrases. Je vais en prendre quelques-uns très usités.

Le fameux « soit sage », est un interdit qui peut faire des ravages. L'enfant va enregistrer que pour être aimé il doit être sage et il va le rester toute sa vie même quand il sera grand. Cela dépasse bien sûr le domaine du conscient et cela se joue dans tout un tas d'autres registres. Mais il y a de fortes chances que cette personne-là, n'osera pas : dire, faire, se montrer, se mettre en avant, et quelquefois deviendra invisible. Ou bien l'enfant prendra le contre-pied inverse, par rébellion, il deviendra infernal, il fera tout le contraire.

Un autre interdit : « toi au moins, tu t'occuperas de moi ». Cette phrase dite et répétée, risquera de ne pas permettre à l'enfant d'aller dans sa vie en se choisissant, il devra toujours prendre en compte le parent jusqu'à des fois se sacrifier.

Le troisième frein que nous devrons écarter, sont les contrats. Ceux-ci sont des croyances que nous allons nous donner pour espérer être aimé/e.

Si nous croyons que pour être aimé, nous devons sauver notre mère ou notre père, s'occuper d'elle ou de lui, alors il y a de grandes chances que nous soyons dans l'impossibilité de nous engager dans une relation. Nous trouverons toutes les raisons du monde pour dire que ce n'est pas assez comme ceci ou pas assez

comme cela. Nous nous fixerons un contrat inconscient dont nous aurons grand mal à nous débarrasser.
Encore une fois, ces interdits : ces phrases qui nous ont été données dans notre petite enfance ; et ces contrats : ces croyances que nous nous sommes fixées ; répondent aux besoins des enfants, d'être aimés par leurs parents et ne devraient théoriquement n'avoir plus de sens quand l'enfant est grand. Malheureusement ce n'est pas comme ceci que cela se passe : **tous contrats ou interdits restent actifs tant qu'ils ne seront pas désactivés !** C'est une des découvertes de ce processus de déconditionnement du papillon.
Comme nous ne serons pas conscients de ces contrats ou interdits, il sera difficile de les identifier.
Ce sont ses conséquences qui nous permettront de faire le lien avec l'interdit. Par exemple pour une personne qui n'arrive pas à s'engager dans une relation, nous devrons chercher ce qui interdit cet engagement, ce qui crée cette impossibilité. C'est quelquefois complexe mais une fois qu'on trouve le lien alors on peut entamer la désactivation. C'est ce qui me fait dire que la prise de conscience ne suffit pas.
Je propose pour cela une formule magique qui peut s'articuler sur le schéma suivant : « je dénonce… (la cause, le lien qui a provoqué la conséquence) ; qui fait et a fait que… (la conséquence). Je désactive et me libère ! »
Par exemple, l'enfant qui aurait pu se donner le contrat de prendre en charge sa mère pourrait mettre en place ce type de dénonciation : « Je dénonce mon lien à ma mère, mon contrat de la prendre en charge, de la protéger qui m'a fait développer une exigence qui m'interdit de trouver l'autre suffisamment à mon goût

et m'interdit ainsi de m'engager dans une relation. Je désactive et je me libère ! »
Cette phrase devra alors être répétée et répétée afin qu'elle puisse désactiver l'interdit. C'est à ce prix que nous pourrons lâcher, cela ne se fera pas naturellement.

6/ Se sécuriser : sera le sixième axe. La sécurisation consistera à utiliser le dialogue avec l'enfant intérieur et à la moindre : peur, anxiété, angoisse ; consulter son ressenti pour savoir ce qui se passe et sécuriser : mains aussitôt sur le ventre et se parler longuement en expliquant ce qui se passe et en se disant ce que l'on va faire : consoler comme pourrait le faire une bonne maman ; ou agir, défendre, dire, faire, comme pourrait le faire un bon papa. En fait, devenir notre parent bienveillant.
Bien sûr, cette sécurisation répond à un certain protocole qui s'apprendra dans le processus du papillon, mais qui se résume à ce principe.
Seule, la sécurisation nous mettra à l'abri de souffrir à nouveau comme nous avons souffert. Ceci ne veut pas dire que je ne souffrirai plus, car bien sûr mes blessures peuvent être réactivées par de nouvelles circonstances et je pourrais être à nouveau trahi/e, abandonné/e ou rejeté/e ; mais je ne serai plus jamais seul/e au monde devant ma souffrance, je n'attendrai plus que quelqu'un s'occupe de moi, j'interviendrai TOUT DE SUITE pour me consoler et faire ce qu'il faut, me sécuriser. J'insiste sur le mot tout de suite, car c'est la clé de la guérison. Cela change tout !
Le risque majeur lorsque l'on ne sait pas se sécuriser est de préférer ne jamais prendre le risque de souffrir à nouveau, avec comme conséquence de développer

une exigence qui va m'interdire de m'engager. C'est encore un leurre !
La seule façon que j'aurai de ne plus ou plutôt peu souffrir, est de me sécuriser immédiatement, sinon je retournerai dans une autre de mes souffrances : la solitude.

7/ Tout ce travail fait, une fois que j'aurai enlevé les freins et trouvé la sécurisation, je pourrai aborder une notion essentielle qui s'appelle : **L'instant présent !**
Non, cela ne s'apprend pas à l'école et en principe personne ne nous l'apprend. C'est spontané, naturel et intuitif dans notre petite enfance et cela peut disparaître au fil des ans pour être remplacé par le devoir, les obligations ou la réussite, le « prouver » pour être aimé/e.
L'instant présent est la voie majeure du contentement : **qu'est-ce qui est bon pour moi, là tout de suite dans la minute qui arrive ?** Devrait être la seule question que nous devrions nous poser.
Je vais devoir faire un effort pour arrêter de projeter, arrêter d'être dans le futur pour revenir là, tout de suite, ici et maintenant. En fait, pour être dans la seule réalité possible.

8/ Le huitième axe sera de trouver du temps : la plus grande richesse que nous puissions nous offrir !
Dans cette course à la reconnaissance pour être aimé/e (principalement de notre père), nous risquons de consacrer tout notre temps au travail, à la réalisation, à la reconnaissance sociale et passer ainsi à côté de l'essentiel.
Voilà une bonne question : **c'est quoi l'essentiel, c'est quoi qui me rend heureux ?**

Le travail, la reconnaissance des autres, la valorisation, la réussite professionnelle, l'argent, la famille, les petits plaisirs, les amis, les loisirs, le sport, la spiritualité, la méditation, etc.
C'est à vous de choisir.
Mais ne croyez pas que le temps se trouve tout seul, cela nécessite un engagement et aussi de faire des choix. Pour avoir du temps d'un côté, il faut que j'en enlève d'un autre.

9/ Le neuvième axe sera d'augmenter mes temps de joie. La procédure est assez simple, il suffit dans un premier temps de lister dans différents domaines, tous les temps qui me procurent de la joie.
On peut imaginer huit domaines : la relation, les amis, la famille, le travail, les loisirs, le sport, le quotidien et les vacances.
Une fois que j'aurai énuméré dans chaque domaine les choses qui me font particulièrement plaisir, je déciderai ce sur quoi je peux m'engager pour augmenter ces temps ou ces fréquences.
J'écrirai mes engagements sur une feuille que je laisserai bien en vue, par exemple dans ma salle de bain, et qui me rappellera tous les matins mes engagements.

10/ Le dernier des axes sur lequel je vais devoir m'atteler, s'appelle : la reprogrammation positive.
Bien évidemment, ce que j'ai construit durant des années, je ne peux pas le déconstruire du jour au lendemain. Je vais devoir réinstaller des petites phrases qui deviendront dans le temps des réflexes, je vais devoir créer des mémoires. Une fois celles-ci installées, alors il me sera facile de faire appel à elles pour avoir les bons réflexes, en lien avec mes besoins et mes désirs.

Une première action très efficace sera de travailler sur les saboteurs, ces petites voix négatives que je vais transformer en positif.
Par exemples :
« Je ne vais pas y arriver », deviendra : « j'arrive à tout ce que j'entreprends ».
« Je ne suis pas capable », deviendra : « je suis capable ».
« Je suis nul/e », deviendra : « je suis une belle personne ».
« Ce n'est même pas la peine d'essayer », deviendra : « je fais ce que j'ai à faire de mon mieux , sans me poser de questions».
Etc.
Ensuite bien sûr il y aura des reprogrammations positives plus profondes à trouver pour écarter de notre chemin tout ce qui pouvait jusqu'alors nous réduire, nous dénigrer, nous empêcher d'aller vers ce qui peut être bon pour nous.
C'est certainement le travail le plus complexe que nous développons dans le papillon. C'est ce qui peut nous conduire à l'autonomie et à nous aimer par nous-même. Ainsi nous ne demanderons plus à quiconque de le faire à notre place.

Ce programme en dix axes nécessite forcément un engagement, mais assurément cet effort vaut grandement la peine car il va nous offrir de nous libérer et nous trouver, il nous permettra de retrouver confiance, estime de nous, d'éradiquer la dépendance affective, de se sécuriser, de s'aimer et dans certains cas, de « renaître » !

Comment accepter ses faiblesses ?

Je vais répondre par une autre question, comment peut-on faire différemment ? Peut-on lutter toute notre vie contre ce que nous sommes ?

Je ne le crois pas, car nous y consacrerions beaucoup plus d'énergie et de temps que d'aller sur la voie de l'acceptation. Je vais donc écarter la voie du combat et plutôt aller vers ce que cachent mes faiblesses. Il y a toujours deux côtés d'une pièce et je vais devoir trouver l'autre côté de la pièce : le côté positif. C'est comme l'ombre et la lumière, chacun a son opposé : il suffit de le trouver. En faisant ceci, je me propulserai bien sûr dans la voie de l'acceptation mais au-delà de ceci, dans une tranquillité intérieure. En acceptant qui je suis, alors je peux me préparer à accepter l'autre dans sa différence. Je peux commencer à envisager d'aimer l'autre pour ce qu'il est, et non pour ce qu'il compense.

Pourquoi je me sens tellement en décalage avec les autres, dans ma façon de penser, d'agir, de ressentir ?

Si je pose cette question, c'est que je donne à l'autre un pouvoir que je ne devrais pas lui donner. Quelle importance que je sois différent des autres si je suis en accord avec moi ?

Je dois assumer celui que je suis. Je n'ai pas d'autre choix, sinon que de tricher tous les jours avec moi, et peut-être devant mon conjoint et mes enfants, mes collaborateurs et le monde entier. S'aimer, c'est oser celui ou celle que nous sommes !

Pourquoi m'a-t-il été si difficile de m'aimer ?

Pourquoi suis-je toujours en quête d'un amour qui me rassurerait ?

S'aimer, s'apprend ! Nos parents auraient dû nous l'apprendre, nous conduire vers notre autonomie. Malheureusement, ils nous ont laissé attendre leur amour et n'ont que partiellement appris à répondre à nos besoins. Bien sûr la tâche est complexe, nous l'avons vu ci-dessus, mais elle est vitale et essentielle.

Dans notre système de base, nous attendons toujours que quelqu'un compense nos manques et le paradoxe c'est que nous allons le demander à celui ou celle qui sera impuissant face à cette mission : notre conjoint. Car c'est initialement de notre père ou mère que nous l'attendons. Alors si nous pouvons enregistrer ceci, nous ferons déjà un pas de géant, nous arrêterons de demander à notre conjoint de compenser nos manques, nous stopperons nos attentes. La seule personne qui peut et doit nous aimer : c'est nous !

En disant ceci, je n'induis pas qu'il est interdit à mon conjoint de m'aimer, mais que nous devons d'abord pourvoir à ceci par nous-même.

Si je suis dans l'incapacité de me donner cet amour, forcément j'aurai besoin de le trouver ailleurs et je serai en quête permanente.

Peut-on oser ne pas aimer ses parents ?

C'est la grande question. Nos parents sont nos parents, et au même titre qu'ils ne sont pas obligés de nous aimer, nous ne sommes pas obligés de les aimer non plus. Il faut que ce soit très clair. Ne pas les aimer ne veut pas dire les détester, mais plutôt entrer dans un genre de neutralité. Ils nous ont donné la vie, je pourrai être là pour eux mais au minimum, pas plus, et si tel

est mon désir. Je ne dois pas subir, je ne dois rien faire par obligation ou alors par obligation minimum.
Oui, je peux ne pas aimer mes parents et faire ce qu'il faut au minimum s'ils ont besoin de moi dans leurs vieux jours. Et si ce qu'ils me demandent est trop pour moi, je dois pouvoir dire « non » et trouver des services sociaux qui feront à ma place.
Je vais devoir ensuite chasser toute culpabilité car une victime n'est jamais coupable et j'ai été victime d'une situation qui a fait que je n'aime pas mes parents comme certainement ils ne m'aiment pas non plus. C'est toujours difficile à entendre, alors notre tendance est souvent de rejeter ceci, de se mentir.
Je dois être tranquille avec ceci, faire ce qu'il faut, mais garder et gérer tout le temps la distance pour que cela ne m'empêche pas de vivre ma vie.
Forcément je ne suis pas obligé d'en arriver toujours dans ce cas extrême de ne pas aimer mes parents.
Bien sûr que les choses peuvent changer en route, qu'il peut toujours y avoir des revirements de situations. Mais c'est assez rare que les parents demandent pardon de leurs défaillances et pardonner à ses parents est un travail qui prend du temps. Là aussi il y a des chances que vous ayez envie de vous raconter de belles histoires et de pardonner bien trop tôt.
Non, le travail de pardon se fait en couches successives et prend du temps. Il ne se fait pas en une seule fois, ce serait trop facile et pas réaliste. La blessure est souvent plus profonde qu'on ne l'imagine ou l'espère.

10/ AUTONOMIE

Quand est-on vraiment adulte ?

Quand on est à la fois son papa et sa maman, quand on sait se nourrir par soi-même.

Pourquoi l'adolescence dure-t-elle si longtemps, parfois jusqu'à 30 ans ?

Il n'y aura pas qu'une réponse, il y a des gens qui ne seront jamais adultes, qui attendront toute leur vie quelqu'un pour être nourri et d'autres personnes que leur développement personnel mettra plus tôt sur la voie de l'autonomie.

Quelle est la juste distance avec ses enfants adultes ? Ne jamais leur faire signe, les contacter une fois par mois ? Une fois par semaine ? Ou bien attendre qu'ils se manifestent ? Cela en écho avec la juste distance à mettre avec ses propres parents. Certains enfants n'appellent jamais, d'autres régulièrement et certains trouvent que je ne leur fais pas souvent signe. Pas simple !!

Développer l'écoute et la réserve sera le maître mot, être là au besoin. Le repas dominical n'est pas en soi une mauvaise tradition, à condition que ce ne soit jamais une obligation et que le mot « plaisir » soit très présent. C'est aussi l'endroit où je ne dois pas recevoir de réflexions désagréables, qui m'obligeraient à subir. Ce qui peut décider des fréquences pourrait être l'avis de mon enfant intérieur ou de mon intuition.

11/ COUPLE

Quelle est la limite entre l'égoïsme et s'aimer, ne penser qu'à soi, être autocentré, ne plus se soucier du bonheur/bien être des autres ?

Défendre son enfant intérieur demande un gros boulot surtout avec son conjoint. C'est même là que c'est le plus difficile, comment faire ?

Quel est la place des petites attentions pour l'autre ?

C'est une question majeure et la confusion est facile à faire. S'aimer ne veut pas dire : uniquement penser à soi, être autocentrée, ne plus se soucier du bien-être ou du bonheur des autres.

S'aimer, c'est comprendre qu'avant tout, je dois être la priorité des priorités, je ne dois demander à personne de compenser mes manques. Je ne peux donner que si je suis rempli/e, si je déborde.

Qu'est-ce qui se passe dans une relation « classique » ? Chacun compense les manques de l'autre, chacun nourrit l'autre avec le risque évident qu'aucun des deux ne soit un jour rassasié. Chacun nourrit en fait dans ce cas, une dépendance affective qui deviendra un enfer si un jour, l'autre n'est plus là. Ce peut-être la fin du monde pour le dépendant qui perd son conjoint, une des plus grandes souffrances à vivre.

La question devient : quelle est ma position par rapport à l'autre et c'est une question essentielle dans le couple : comment m'aimer en étant attentif à mes besoins et à la fois être ouvert aux désirs et besoins de l'autre qui ne sont pas forcément identiques aux miens ?

Plusieurs options peuvent s'offrir à moi

1/ J'impose de toute façon ma position, mais alors la notion de couple disparait puisque je ne prends pas en compte la position de l'autre. Il vaut mieux écarter

cette option si l'on souhaite nourrir le couple et plutôt envisager les trois options suivantes.
2/ Je défends ma position parce qu'elle me tient trop à cœur, et alors il est possible sur ce terrain particulier, que nous ayons des chemins différents.
3/ Je trouve la voie du milieu, un compromis qui n'est peut-être, ni satisfaisant pour l'un, ni pour l'autre mais qui permet que l'autre soit entendu.
4 / Je décide par amour d'offrir un cadeau à l'autre, de suivre sa position à condition que ce soit plutôt exceptionnel. Car si c'est récurrent, alors je n'existe plus.

Je défendrai ensuite une dernière idée : l'important est pour moi de ne pas se perdre. Si dans mon positionnement, j'offre des choses à l'autre pour nourrir la relation, ma limite sera de ne pas me perdre et je peux m'aider d'une question : « avant de faire quelque chose pour l'autre je vérifie que ce soit suffisamment bon pour moi ». Bien sûr comme on l'a vu ci-dessus je peux offrir exceptionnellement un cadeau à l'autre.

Pourquoi est-il si difficile de vivre sa spiritualité, l'amour du prochain, dans l'engagement mais en même temps de penser d'abord à soi ?
Qui peut confondre spiritualité et l'amour du prochain ? L'église, non ? Alors ne confondons pas. Ce qui ne veut pas dire que l'amour du prochain n'est pas compatible avec la spiritualité, mais pour autant ne s'identifie pas à elle. Cette dernière me paraît bien plus vaste et plus haute.

Comment faire pour être « moi » quand je suis avec quelqu'un qui me plaît, au lieu d'essayer de deviner ce qu'il faut que je fasse, que je réponde pour lui plaire ?

Je n'ai pas besoin de faire quelque chose pour être aimé, je peux être aimé comme je suis.

Je ne cherche pas à faire plaisir à l'autre, l'autre doit pouvoir m'aimer comme je suis, sinon toute ma vie je devrai tricher avec moi pour lui faire plaisir et être aimé de lui. C'est un enfer et pas mal de gens s'en accommodent.

Ce qui se joue souvent en début de relation, c'est la projection, on aime l'autre pour l'idée qu'on s'en fait et ensuite pour ce qu'il compense par rapport à nos manques, pour les attentes qu'il comble.

Quand Eros sera passé, quand la projection se dissipera, alors on commencera à percevoir l'autre comme il est, et il peut être très différent de l'idée que nous nous en faisions. Alors commencera le travail d'acceptation de l'autre dans ce qu'il est et nous pourrons alors commencer à parler d'apprivoisement, d'aimer en cessant de projeter.

C'est là que la relation commence, et elle est une voie de spiritualité car je défends l'idée ou plutôt croyance :

Nous ne nous sommes pas rencontrés par hasard, ma relation à l'autre ne dépend pas de lui, ni de ce qu'il est, mais de ma croyance ultime que je choisis de faire un chemin avec lui pour ce qu'il a à m'offrir et ce que j'ai à découvrir.

Comment trouver un rythme commun satisfaisant en termes de fréquence sexuelle ?

Le PPDC : sera le mot d'ordre : le plus petit dénominateur commun.

Aucun des deux, ne doit « vraiment subir », c'est la voie du milieu qui doit l'emporter. Ce qui veut dire que le plus demandeur devra freiner ses envies et le moins demandeur, se stimuler un peu.
Comment se respecter tout en prenant en compte l'autre, est la voie du couple.
Chacun doit se sentir pris en compte.

Comment je peux faire face à une personne qui m'ignore, boude ou casse l'ambiance ?
La limite semblerait simple, quand l'autre par son attitude altère ma joie, je dois intervenir : je vois trois possibilités :
1/ La laisser dans « son jus », lâcher et être imperméable ou zapper.
2/ refuser catégoriquement sa position et lui demander de la transformer.
3/ l'aider en le renvoyant à son histoire.
Je dois comprendre que le fonctionnement de l'autre est la résultante de sa construction, de son adaptation pour être aimé/e. Ceci engendre toutes ses frustrations, ses colères et ses souffrances, et il est normal que tout ceci ressorte dans sa vie. Pour autant cela ne doit pas empoisonner la vie de l'autre. Pour dissoudre ces manifestations négatives, il faut retrouver la blessure d'origine (père ou mère) ainsi alors par une petite phrase, il sera facile d'aider son conjoint en lui rappelant que ce qui se joue à l'instant présent n'est qu'un rappel de son histoire et de ses souffrances.
Le couple peut imaginer et convenir d'une petite phrase qui pourrait ressembler à ceci : « *peux-tu vérifier le lien avec l'ancien ?* »
L'autre comprendra tout de suite l'invitation et pourra regarder l'origine de son attitude et ainsi la dissoudre.

Fait de façon permanente, la transformation sera de plus en plus facile et rapide.
L'important étant de ne pas subir, ou de subir le moins possible, mais forcément dans un couple, il faudra quelquefois concéder, c'est la voie du milieu.

Pourquoi suis-je attiré par telle ou telle femme et pas par telle autre ?
Et pourquoi cette attraction semble-t-elle indépendante de ce que pourrait me dire la raison ?
Parce qu'il existe des questions sans réponse.
Optionnellement :
Pourquoi je fantasme sur telle femme plutôt que sur cette autre ?
Pourquoi je fantasme sur tel homme plutôt que sur tel autre homme ?

Pourquoi est-ce que dans l'expérience amoureuse je recherche l'intensité plus que la paix, quasiment malgré moi ?
Pourquoi le quotidien me fait perdre conscience de l'échange avec mon partenaire et enlève la magie dans mon couple?
Pour une raison toute simple, parce que c'est plus fort, parce qu'Éros est plus fort que tout, que le désir est plus fort que le plaisir et l'intimité.
Il faut ensuite juste prendre en compte que le désir et éros n'ont pas vocation à durer, contrairement au plaisir et à l'intimité qui sont un deuxième monde immense et inépuisable. C'est l'étranger qui attire !

Comment vivre sans attentes de la part de son partenaire tout en ayant un attachement?

Je vais d'abord devoir différencier les mots : attente et attachement. Le mot attachement va être un mot qui me dérange car il renvoie à la dépendance affective que je combats, je préférerais alors parler d'engagement.

Ensuite il va être très intéressant de voir ce qu'il y a derrière le mot attente. C'est en principe un besoin non nourri que je demande à l'autre de remplir. Concrètement, cela signifie que la plupart des attentes que j'ai, peuvent être nourries par moi-même. Je peux toutes les lister et voir si je ne serais pas en mesure de les satisfaire par moi-même. Vous allez être très surpris. Ainsi vous ne demanderez plus à l'autre de le faire à votre place et surtout, vous ne vous exposerez pas à la frustration, si l'autre ne répond pas, ou pas correctement à vos attentes. Cela vous évitera de «créditer de façon négative le compte de votre conjoint», vous lui éviterez d'avoir inconsciemment une note à vous devoir et cela pourra aussi éviter les accumulations qui explosent sans prévenir.

On ne peut plus être amoureux alors ? Avoir des papillons dans le ventre quand on pense à la personne, avoir envie de la voir tout le temps, etc…

Bien sûr, mais cela dépend de quoi l'on parle.

J'aurais tendance à refuser la relation « classique » : compensation de manques et dépendance affective, avec une grande chance de me perdre ; pour préférer une relation d'apprentissage et d'acceptation de l'autre sur un chemin de spiritualité.

Alors bien sûr je vais accueillir Éros, ce que je désigne comme le premier monde et j'en profiterai tout en intégrant qu'il n'a pas vocation à durer, encore que…

Je n'ai pas à choisir, les deux mondes peuvent être bons, il suffit que je sache que le premier risque de ne pas durer, que je me prépare et qu'un deuxième monde lui succèdera : moins fort mais incomparablement bien plus vaste : celui du plaisir et de l'intimité.

Alors je peux accueillir ces deux mondes dans la joie. Je ne serai pas dans la frustration quand le premier viendra à disparaître, s'il disparaît…

Ainsi le désir ne sera plus le baromètre de la santé du couple, de la relation ; et le couple ne sera plus en péril quand le désir baissera, s'il baisse…

12/ DECONDITIONNEMENT

Dans le processus du papillon, nous avons appris que nous nous conditionnons pour nous adapter ou obtenir ce qui nous a été refusé, est-ce possible de se déconditionner sans intervention extérieure?

Cela va dépendre de quoi l'on parle ; si c'est d'avancer dans sa vie et au fur et à mesure, de plus en plus se choisir, il est fort possible que naturellement un déconditionnement se produise.

Mais si vous êtes attaqués par un mal-être, un décalage plus ou moins profond entre votre adaptation pour être aimé et ce que vous êtes, alors il sera nécessaire de passer à la vitesse supérieure, et là vous aurez certainement besoin d'une aide. Forcément, à la lecture de ce livre, un certain nombre de choses pourront bouger, mais je crains que ce ne soit pas suffisant et que cela nécessite de votre part un approfondissement. C'est aussi la raison d'être de ce processus de déconditionnement du papillon : permettre à un bon nombre de personnes de ne plus attendre pour se trouver, se libérer et s'aimer.

Comment faire pour ne pas conditionner nos descendances, enfants, petits-enfants, ... ?

A partir de quel âge le déconditionnement est-il possible ? Pendant, après, l'adolescence ? A l'âge adulte ?

Il y a une bonne nouvelle : ce que vous allez faire pour vous, vos enfants ou vos petits-enfants n'auront pas à le faire. C'est de l'ordre du transgénérationnel et cela peut avoir des incidences bien au-delà de nos croyances. Bien sûr à ce niveau nous sommes dans le subtil et ce sera difficilement vérifiable.

Mais quand je vois l'incidence des lignées sur les personnes, je n'ai pas de doute.

Il me semble qu'à partir de vingt-cinq ans, avec un certain bagage de vie, pouvoir s'offrir un papillon est absolument magique. C'est s'offrir un magnifique passeport pour aller vers ce qui est bon pour soi.

13/ CHANGEMENTS

Pourquoi les autres ne voient pas mes changements ?

C'est très facile de dire à quelqu'un qu'il n'a pas changé, et d'ailleurs physiquement, il est quasiment le même. Suivant les niveaux de sensibilité de la personne que vous avez en face de vous, il se peut que l'autre ne perçoive pas nos changements. Notre tête sera la même et il n'y a pas de raison que si nous ne changions pas de lunettes ou que nous ne mettions pas une moustache, la différence soit flagrante.
La seule chose qui compte, c'est nous, c'est à nous de sentir le changement !
Patience et ne rien lâcher, sera le mot d'ordre.
J'ajouterai également, voir ou pas que l'autre change me confronte au fait que je puisse ne pas changer.
Et quelquefois, il est possible de préférer ne pas le voir.

Pourquoi le développement personnel me distancie de mes anciennes relations ?

Plus nous nous engageons dans le développement personnel, plus nous prendrons de la distance avec les relations classiques, car il n'est plus possible de rester sur le mode « apparences ». Nous aurons besoin de discuter et de creuser le mode « être ». D'abord il y aura un certain nombre de personnes que nous pourrons attirer sur notre voie, et un nombre de personnes dont nous nous éloignerons. C'est la vie.
Plus nous gagnerons en centrage, plus nous développerons notre écoute par rapport à l'autre et de fait, nous serons inconsciemment moins focalisés sur ce que la relation nous apportait. Cela peut être déstabilisant, mais c'est alors que la vraie relation commencera, car ce qui la motivera ne sera plus ce que l'autre

compensait avant que nous ne nous engagions dans le développement personnel.
Bien sûr, l'autre pourra sentir une distance car nous lui proposerons une autre relation. Ce qui ne veut pas dire, loin s'en faut, que nous serons à distance de lui, cela veut dire que nous serons plus près de nous, ce n'est pas du tout la même chose.

14/ MANQUE DE CHALEUR

Comment pourrais-je faire concrètement pour m'entraîner à être plus chaleureux, plus tactile ?

Quand les choses ne viennent pas toutes seules, quand ce n'est pas naturel, il faut se forcer !

Je vous rappelle qu'on refuse ce qu'on n'a pas eu, alors la seule façon de réparer, c'est de s'offrir soi-même ce que nous n'avons pas eu. Il n'y a pas d'autre voie et personne d'autre ne pourra nous l'offrir.

Bien sûr, il sera très intéressant de regarder si vous l'avez reçu de votre mère car c'est principalement d'elle que cette chaleur peut être transmise.

Mais ensuite tout sera une question d'entraînement,

il nous faudra nous forcer, nous obliger à ouvrir chaque jour un peu plus la porte. Une fois que celle-ci commencera à s'ouvrir, nous commencerons à voir la lumière, cela nous encouragera, cela deviendra beaucoup plus facile. Nous commencerons alors à prendre plaisir, et il y a de grandes chances que cela aille en grandissant.

15/ ON M'A VOLÉ MON ENFANT

Comment survivre au rapt de sa seule enfant ? Comment se dire que la Vie continue alors que je me sens mutilée, que ma fille manque à ma chair ? Comment se reconstruire quand on a le sentiment d'avoir tout perdu et plus aucune volonté d'avancer ? Quand l'autre a dit : Sa seule faiblesse c'est sa fille et c'est par sa fille qu'on la fera tomber ? Comment oublier tous ces mots d'horreur ?

Faire ce qu'il faut et attendre ; sera ma réponse.

Quelle que soit l'injustice qui peut vous affecter, même la plus profonde. Je vais rappeler encore ce proverbe africain : quelle que soit la longueur de la nuit, le jour vient !

Il est très précieux et cela vaut la peine de s'en souvenir, surtout dans les moments les plus sombres.

Faire ce qu'il faut ; même quand ce n'est pas facile et qu'un tas de barrières se dressent sur cette voie.

Ensuite il vous suffira d'attendre, sans relâcher ce : faire ce qu'il faut. Il est très rare que le juste ne se manifeste pas. Alors patience.

16/ COLERE

Que faire de ma colère ? Comment puis-je l'empêcher de se répandre tout autour de moi et notamment auprès de mon conjoint ?

La colère est une de mes deux sources de puissance. Il est très important que j'y aie accès, pour autant ce doit être un accès maîtrisé. Comprenons bien ce qui a pu se passer : pour ne plus sentir ma souffrance, je me suis bétonné, j'ai installé une chape de plomb qui me protège, m'empêche de souffrir mais aussi m'empêche de sentir, de savoir ce qui est bon ou pas pour moi, et donc m'empêche de décider. Pour avoir accès à cette colère, je ne dois plus la refuser, je dois la travailler pour aller la chercher au besoin. Une fois ce travail entamé, j'aurai fracturé ma chape de plomb pour permettre à ma colère de devenir le moteur de mon action : dire ou faire en cas de besoin. Alors la colère sera pour moi un précieux allié dans ma vie.

Le problème peut être l'excès de colère, une colère prête à surgir de façon permanente, incontrôlable, alors il faut la dissoudre.

Il y aura alors deux choses à faire.

Quand je sentirai cette colère monter, la première chose à faire sera de sortir de la pièce où je suis, cela m'évitera de la déverser sur les personnes qui sont autour de moi, puisque je m'isolerai. Si je m'impose ceci, de façon automatique, alors je vais pouvoir prendre un peu de recul dessus et j'éviterai à mon entourage d'en être victime.

Le problème de la colère, c'est qu'elle est souvent sans rapport réel avec ce qui vient la déclencher, et qu'elle ressemblerait plutôt à un vieux moment de mon histoire, elle viendrait réveiller de vieilles blessures.

Il me suffira alors de retrouver dans mon histoire le fait à l'origine de celle-ci et je la dissoudrai instantanément. Cette blessure est toujours principalement autour du père ou de la mère. Si vous arrivez à faire ceci automatiquement, chaque fois que vous sentirez une colère, vous la verrez immédiatement se dissoudre. Vous pouvez même en jouer en vous disant : « qu'est-ce que ça me rappelle ? Ah, je vois c'est encore ...»

La difficulté maintenant sera de la sentir arriver, mais alors je saurai que faire : d'abord m'isoler pour ne pas être emporté par la réaction et ensuite me rappeler quel fait, quelle blessure de mon histoire cela me rappelle et alors ma colère se dissoudra instantanément. Et c'est souvent la même blessure ...

17/ SOLITUDE

Pourquoi a-t-on peur de la solitude ?

Je ne crois pas qu'on puisse avoir peur de la solitude, on a surtout peur de souffrir. Si j'ai confié à l'autre le pouvoir de m'aimer et que je me retrouve seul, alors je me retrouverai face à mes manques et cela peut bien sûr me faire peur.

Si dans ma vie j'ai fait ce qu'il faut pour m'aimer, subvenir à mes besoins, surtout affectifs, alors je peux aborder cet état de façon plutôt tranquille.

Je vais alors poser une question confrontante : que reste-t-il d'une relation quand je n'y trouve plus aucun intérêt ? Qu'en fais-je ?

Est-il possible de lister tous les intérêts que je peux avoir dans une relation et admettre que le jour où il n'y a plus rien sur mon papier, ou presque, j'abandonne cette relation ?

Si j'entends que mon chemin de couple est avant tout un choix et ne dépend pas de l'autre, mais de ma croyance en ce couple, d'un chemin spirituel ; que je me nourris par moi-même et que j'apprends à le faire tous les jours de plus en plus ; que l'amour que je peux avoir pour l'autre devient un cadeau et pas une « monnaie » pour qu'il me donne à son tour de l'amour ; que j'apprends à mes enfants à être autonomes ; ne suis-je pas en fait, seul ou seule dans ma vie ?

Est-ce que la solitude m'empêche d'être heureux ? Peut-on être heureux et seul ?

La première question sera de me demander si le couple, ou mon environnement social, tout ce qui peut me faire sentir entouré rend heureux ?

Je crains que ce ne soit pas induit. Ni l'autre, ni toutes les richesses que l'on puisse accumuler garantissent le bonheur. Il se situerait plutôt dans un endroit qui ne dépend de personne, mon intérieur, ma capacité à m'aimer et à sentir la joie tous les jours.

18/ LE MAL, LA MISERE DU MONDE

Pourquoi le mal, pourquoi cette misère, pourquoi les guerres, etc. ?

Le monde est à la fois un ciel divin est un puits sans fond. Alors je dois enregistrer que l'un ne peut pas exister sans l'autre, que cela fait partie d'un TOUT indissociable. Je dois m'en faire une raison.

Mais ensuite je peux regarder de quel côté agir et alors se posera la question : quelle peut être ma part ?

Ce n'est pas parce que je fais le constat de ce tout, que je dois rester indifférent et immobile.

Forcément je dois contrôler ma perméabilité car sinon la vie deviendra pour moi un enfer et il me serait impossible de vivre à côté de la misère de ce monde, mais surtout je peux regarder là où je peux agir.

Et cela peut être un chemin de vie avec une immensité de voies possibles.

À chacun de trouver la sienne.

Camille et moi sommes encore englués dans cette masse d'informations incroyables que l'on vient de nous offrir sur un plateau. Nous n'avons encore rien intégré, nous n'avons encore rien mis en œuvre, nous n'avons pas encore reçu le virus des jours heureux, aucun papillon ne s'approche de nous, mais pourtant la vie nous paraît tellement plus simple.
Nous comprenons surtout que maintenant c'est à nous de réparer, c'est nous qui détenons ce pouvoir
et personne d'autre.

Nous prenons alors la décision de rentrer chez nous.

A un carrefour, nous tombons sur une pancarte insolite, elle dit : « Votre chemin est devant vous mais quelqu'un a quelque chose à vous dire, prenez par ici. »

Confiants et remplis, nous suivons cette nouvelle proposition. Nous avançons à pas feutrés et découvrons sous un immense micocoulier, une chaise longue en osier avec deux tabourets en bois et une vieille personne qui semble nous y attendre.

Cette vieille femme assise tricote. Elle porte une robe à fleurs et quelques papillons Heureux autour d'elle lui tiennent compagnie. Elle interrompt son ouvrage pour nous regarder s'approcher d'elle. Elle semble avoir grandement souffert dans sa vie tellement ses cheveux sont blancs et son sourire immense, nous sentons tout de suite sa bonté et sa bienveillance. « Asseyez-vous ! » nous dit-elle.
Nous nous asseyons et je prends la main de Camille.

Son regard est clair et immensément chaleureux, je suis envahi d'une émotion étrange, réparatrice, rassasiante, je sens et sais que cette femme a toujours été avec et près de moi. Sans savoir pourquoi, je sais et sens combien j'ai compté pour elle, je ne peux retenir mes larmes. De sa main douce, elle caresse ma joue et nous confie :
« Bonjour mes enfants, je m'appelle Mamète Rose, nous dit-elle, **et *vous êtes ce que j'ai de plus précieux au monde. J'ai une lettre à vous lire. »***

Nous n'avons même plus de questions à poser tellement nous sommes dans une abondance de cadeaux !

« Bonjour mon petit, Bonjour ma petite,

Merci à Mamète Rose de te lire cette lettre pour moi.
Je suis, ton Grand Papète.
Tu ne me connais pas mais moi je te connais bien,
je ne suis plus de ce monde,
je suis ton Grand Papète
comme on le dit chez nous,
ou Grand Papé.
Je suis le patriarche,
le chef de ta lignée
en remontant sur plusieurs générations
du coté de ton père.
Je suis ton Grand Papète.

Je te vois tous les jours.
Depuis longtemps, je te regarde
et tu es beau mon petit, tu es belle ma petite,
et je suis venu pour réparer,
pour te dire peut-être ce qu'on ne t'a jamais dit.
Il est temps que je te confie le secret :

« Tu as le pouvoir de te réparer
Tu as le pouvoir de grandir, d'aller dans ta vie
Tu as le pouvoir d'être heureux et libre
Ne le confie plus jamais à quiconque
Ne l'attends plus jamais de personne
Toi seul peut te nourrir
Toi seul peut t'aimer »

Maintenant que tu as reçu ce secret, il n'est plus important de savoir qui t'aime ou ne t'aime pas.

Tu as compris que la seule personne qui doit t'aimer,
c'est toi !

De là où je suis, sache que je garderai toujours un œil sur toi et que ma bienveillance t'accompagnera sur ton chemin, tu la sentiras tous les jours !
Je t'aime mon petit !
Je t'aime ma petite !

Je vais te demander une chose,
te confier une mission:
apprend ceci aux gens que tu aimes.
Offre leur ce livre !

Ton Grand-Papète qui est fier de toi,
Qui t'aime et te regarde tous les jours ! »

Mamète ROSE nous laisse apercevoir deux larmes

dans ses yeux et nous offre dans son regard tout l'amour que l'on aurait rêvé recevoir de quelqu'un de très cher !
Elle referme délicatement la lettre et nous la donne.

Je garderai longtemps en mémoire le visage de cette vieille femme, j'y ai vu le regard de ma grand-mère chérie qui a été mon soleil, qui toute mon enfance a comblé les manques de l'absence de ma mère.
Mamète ROSE a dans ses mains flétries par le temps, la douceur et la chaleur qui guérit de tous les passés « tristes ».

Je ferme mes yeux, serre la main de Camille et je crie au silence : **« GRATITUDE ! »**

Un papillon heureux se pose sur chacun de nous.

CONCLUSION :

« Si nous avons été « prisonniers » de notre histoire, si nous avons été obligés de nous adapter pour être aimés, nous avons tous aujourd'hui la possibilité de nous en libérer, de nous guérir, enfin d'être libres et heureux.

Cela ne dépend plus que de nous

et nous savons maintenant que faire !

Ce livre est à lire et à relire afin que ses mots trouvent leur place chez vous. Nul doute qu'ils la trouveront, seul votre engagement dans cette lecture réduira le temps d'intégration. Ils constitueront une nouvelle base de données déconditionnées qui pourra alimenter vos nouveaux réflexes pour plus de liberté et de joie. Vous serez plus près de vous !

Je vous souhaite de nombreux jours heureux !

Luc Pouget

REMERCIEMENTS
À Anna qui partage ma vie,
et la remplit d'une belle couleur,

à mes enfants Paul et Lisa.

À François LEWIN
de l'école de Psychologie BIODYNAMIQUE

À Rose et Lucien.

À tous les « Papillons des Jours Heureux »
Qui s'envolent et donnent du sens à ma vie.

A Claudine Garcia Blay et Patrick Régnier
Pour leur contribution à ce livre.

A tous ceux qui ont posé les questions.

Du même auteur,

L'AUTRE LIVRE INCONTOURNABLE A S'OFFRIR !
Le frère jumeau de « LIBRE ET HEUREUX, L'ENVOL ! » mais orienté vers l'éducation, les enfants et la transmission : il reprendra quelques chapitres de son jumeau.

LE CADEAU, TRANSMETTRE ET LIBÉRER !
A LA RECHERCHE DE L'ECOLE DES BONS PARENTS
et ses 50 invitations.
Comment nous nous sommes construits,
fonctionnons et transmettons.
Selon les tribus de ce conte, ce livre répondra à deux questions essentielles : Suis-je d'abord mon bon parent ? Et le suis-je avec mes enfants ? Dix Maisons : la compréhension, l'attachement, la réparation, le masculin, le féminin, le nid, les sept rites, les transmissions, la plume et le doux silence, les Papillons et le Papé ; et cinq tribus : les pieds tanqués, les crêtes roses, les gros ventres, les éventails et les intellonimbus ; vous offriront 50 invitations pour avoir des enfants « plus libres et plus heureux », pour mieux grandir et réparer au besoin.

Livre broché en 160 pages, format 16cm x 22cm,
Couverture souple
Ou Edition prémium couverture rigide.

ensuite

LE LIVRE SUR L'ENFANT INTÉRIEUR

Trouver son guide intérieur,

Éradiquer ses petites voix négatives.

Livre broché en 88 pages, format 16cm x 22cm,

Couverture souple

LE PAPILLON DES JOURS HEUREUX

DÉCONDITIONNEMENT

Livre thérapeutique technique

Livre broché en 312 pages, format 16cm x 22cm,

Edition prémium couverture rigide.

TANTRA DES JOURS HEUREUX

Qu'est-ce que le Tantra ?

Comment peut-il changer ma vie, ma sexualité, ma relation de couple ?

Pourquoi suis-je en couple ?

Livre broché en 292 pages, format 16cm x 22cm,

Couverture souple

LE GUIDE DU MASSAGE TANTRIQUE

Apprendre le massage Tantrique en 63 étapes

Livre broché en 104 pages, grand format 22cm x 30cm,

Edition prémium couverture rigide.

enfin

2 livres « spéciaux »
qui se présenteront sous la forme de chevalets :
couverture rigide à ouvrir et à accrocher
avec une pince à dessins ou à linge
afin de changer chaque jour de page .
Une très belle photo, un titre à mémoriser
et une page d'explications.

Des petites phrases à lire et à relire
pour reprogrammer positivement.

Pour emporter partout, au bureau, en voyage !

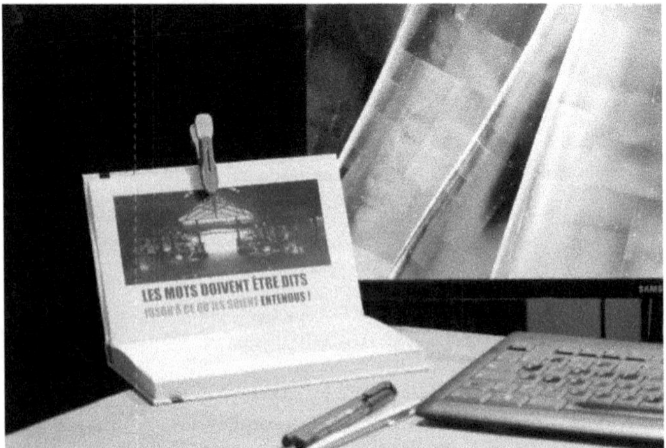

L'ENFANT INTERIEUR, LE LIVRE PRECIEUX
DES 31 REPROGRAMMATIONS MAGIQUES
Livre broché en 76 pages, petit format 12cm x 18cm,
Photos en couleur, papier couché brillant épais 200gr,
Edition prémium couverture r

et

Idem que précédemment mais en grand format A4 !

GRAND FORMAT 32cm x 22cm

PHOTOS COULEUR et COUVERTURE RIGIDE

L'ENFANT INTERIEUR,

LES 31 REPROGRAMMATIONS MAGIQUES,

GRAND FORMAT

Livre broché en 76 pages,

papier couché brillant épais 200gr,

Edition prémium couverture rigide.

MAGNIFIQUE !

A toi mon fils Paul et à toi ma fille Lisa,
Je voudrais par ce livre vous transmettre 2 phrases :
« Crois en toi et ne doute jamais de tes valeurs ! »
« Si tu ne sais pas, ne fais pas ;
Mais si tu sais, fais-le, TOUJOURS ! »

Liste des personnes que j'aime
et à qui je pourrais offrir ce livre :

->

->

->

->

->

Sur **www.tantra-massages.fr**
Vous pourrez trouver une conférence vidéo de 30 min sur le programme de déconditionnement du papillon.

contact@lucpouget.fr

Lightning Source UK Ltd.
Milton Keynes UK
UKHW021428270420
362386UK00013B/1119

9 782322 138067